本书由北方民族大学经济学院重点学科建设经费、教育部国别
大学乌兹别克斯坦研究中心、宁夏回族自治区自然科学基金一
女性乳腺癌筛查行为改变的实验研究(项目编号:2022AAC032
科研启动项目(项目编号: 12315900218)提供资助

经管文库 · 经济类

前沿 · 学术 · 经典

当事者和第三方所具有的公平观实验研究
——基于中日比较的视角

AN EXPERIMENTAL STUDY OF THE FAIRNESS VIEW OF THE PERSONS CONCERNED AND THE THIRD PARTY
— BASED ON THE COMPARATIVE PERSPECTIVE OF CHINA AND JAPAN

周　艳 著

经济管理出版社
ECONOMY & MANAGEMENT PUBLISHING HOUSE

图书在版编目（CIP）数据

当事者和第三方所具有的公平观实验研究：基于中日比较的视角 / 周艳著 . —北京：经济管理出版社，2023.7

ISBN 978-7-5096-9140-3

Ⅰ. ①当⋯ Ⅱ. ①周⋯ Ⅲ. ①经济学 Ⅳ. ①F0

中国国家版本馆 CIP 数据核字（2023）第 137290 号

组稿编辑：杨国强
责任编辑：杨国强
责任印制：黄章平
责任校对：张晓燕

出版发行：经济管理出版社
（北京市海淀区北蜂窝 8 号中雅大厦 A 座 11 层　100038）
网　　址：www.E-mp.com.cn
电　　话：（010）51915602
印　　刷：唐山玺诚印务有限公司
经　　销：新华书店
开　　本：710 mm × 1000 mm/16
印　　张：11.25
字　　数：188 千字
版　　次：2023 年 7 月第 1 版　　2023 年 7 月第 1 次印刷
书　　号：ISBN 978-7-5096-9140-3
定　　价：98.00 元

目　录

第一章 绪 论

“公平”可以被认为是人类社会中最重要的东西。然而公平只是一种理想的状态，绝对公平是不存在的。自人类社会形成以来，对公平的追求一直是人们关注的重要事项，小到个人之间的竞争，大到国家之间的博弈。即使在现代社会，公平仍然是重要的政策目标之一，是社会活动的基础。春秋时代的思想家、政治家、教育家孔子曾说过，不患寡而患不均，不患贫而患不安[①]。换言之，执政者所必须关注的事情，与其说是使国家富强，不如说是先消除财富分配不均；与其说是增加人口，不如说是先使每个国民生活安定。一旦消除分配不均，国家自然会富裕起来，人民安居乐业，人口就不会减少。民生安定，乃国泰民安之基础。

上述理论同样适用于现代社会。随着人类社会的发展，各方面皆要求公平。虽然过度公平的收入分配会影响经济效率，并非理想的分配方式，但如果无法做到公平分配则又会引发国民的不满情绪，成为社会不安定的因素。现代社会中贫富差距问题一直备受瞩目。如何才能缩小贫富差距呢？这是近年来许多政府所面临的最重要课题。为了解决该问题，必须掌握诱发该问题出现的重要原因。然而人类对公平的判断会受到多种因素的影响，在对公平进行叙述时，这些因素不容忽视。

研究者通过实验经济学、实验社会学、脑科学等各种知识一直对公平感进行着验证。近年来，新学科——实验哲学（Experimental Philosophy）的影响力在英语圈中不断提升。“实验哲学”是一种新的哲学，是以“灵魂始终在思考”等哲学家的直觉为依据所制定的思想体系，是与实验无关的传统哲学新的发展方向。实验哲学通过向普通人提出与公平和正义等相关的道德及哲学的问题，并根据他们的回答去分析普通人的直觉和推论。同时，在实验哲学

① “不患寡而患不均，不患贫而患不安”是《论语·季氏》第十六篇中孔子关于政治真谛的看法。

中备受关注的诺布效应，对人类行为所产生的副作用是否为有意图的（或意向性）（Intentionality），及其和公平判断间的关系进行了分析，并带来一些启发。诺布效应（Knobe，2003）指出，人们倾向于将负面的副作用看作是有意图的，而正面的副作用并不会被看作是有意图的。即：副作用的好坏对人们判断行为实施者是否有意图地带来该副作用时，会产生相应的影响。

该结果是以自己作为第三方的前提思考。从关注经济主体行为的实验经济学视角看，会产生这样的疑问：如果是由于自己的行为导致了副作用的发生情况会如何呢？一般来说，自己作为当事人和自己作为公平的第三方，对公平的判断是不同的。另外，由于欧美人和亚洲人原本所接受的教育、宗教、价值观、人生观都不同，因此，当他们面对同类问题时，所作出的对公平的判断也各不相同。

本书基于上述看法，对副作用（外部性）的好坏，某一行为是否被判断为有意图的行为，接受实验者为当事人还是公平的第三方等上述诸多要素进行充分的考量后实施论证。

全书的整体结构如下所示：

第二章使用实验经济学的手法，对在日本和中国是否同样能够观察到实验哲学问题的诺布效应进行验证。传统的实验哲学只是征求人们对某件事（现象）的意见，即实施问卷调查，完全不使用经济方面的手段作为激励，因此，其所得到的结果值得商榷。本书中，将对哲学问题询问意见的哲学实验更改为带有类似经济实验激励的凯恩斯美人投票形式的游戏，通过游戏的方式探寻参加者的哲学判断。该实验结果显示，在提示具体情况的基础上进行提问时，确实能够证实诺布效应存在，但在对他人行为进行推测时，情况则有所不同。

第三章对向接受实验者展示收益表后采取外部行为的当事人的行为进行验证。人并非神，故而有本能欲望。例如，存在利己、嫉妒等情绪。事实上，参试人员指出，当自己成为当事人时，利己性会优先于规范意识。

第四章对当参加实验者成为其选择不影响自身利益的第三方时的再分配方案进行调查。人类不是孤立的个体，需要生活在社会群体中，如果只依照自己的欲望生活，会与人类生活的各方面产生冲突。为了更好地融入社会群体中，必须考虑周围的人。第二章是让每个参加实验者阅读具体的故事，要求他们表明自己的意见，并推测周围他人的行为。第四章不再使用故事的形式，而是向参试人员展示金钱收益表，要求他们在各种情况下表明自己的意见，并对他人的行为进行推测。其结果并不能有效证实诺布效应存在，反而明确了尊重追求平等和既得权的重要性。

通过观察日本和中国的实验结果发现，无论是第二章的故事中，还是第三章、第四章的金钱收益表中，两国的结果虽然存在部分差异，但并无本质区别，均呈现相同的倾向。总而言之，日本人及中国人无论是在判断产生正面或是负面副作用（外部性）的行为是否为有意图时，还是在带有具体金额的含经济意义的案例中，不管进行判断的人员是作为当事人，还是作为公平的第三方，两国人对于公平的判断均具有相同的倾向。

本书是实验经济学和实验哲学相结合的产物，整体以副作用、意向性、当事人、公平的第三方与公平的判断之间的关系为主，通过调查与人的公平感有关的各项因素，以此为本领域带来新的见解。

第二章　哲学范畴的公平观研究

第一节　前　言

意向判断在我们的社会生活中不可或缺。Knobe（2003）所提出的诺布效应表明了道德判断对意向（Intention）判断的影响，使我们第一次认识到意向概念和意向判断过程的复杂性。诺布效应指出，人们倾向于把负面的副作用（外部性）视为具有意向性（Intentionality）的，而将正面的副作用（外部性）看作是不具有意向性的。虽然许多哲学研究已经证实了诺布效应这一现象的存在，但是本章利用实验经济学的方法，在日本（京都产业大学）和中国（苏州大学和宁夏大学）再次开展了相同的诺布效应验证实验。

与在哲学领域所实施的简单问卷调查不同，在本项研究中，通过给予参试人员金钱上的激励，引入了凯恩斯美人投票方法调查并收集了参试人员对各个问题所发表的个人意见以及考虑了周围人想法后所发表的意见。

在本章中，假定 Knobe（2003）使用的两个故事 Harm Story 和 Help Story 本身，以及 Verena Utikal 和 Urs Fischbacher（2009）等设置的领导者的经济状况（大企业和小餐馆）会影响人们的意向判断，因此笔者假定参试人员事前是否清楚地知道副作用（外部性）会对其产生影响，并做出不同的意向判断，于是对 Harm Story 和 Help Story 分别进行了改进后，各设计了 4 个故事并进行了验证，共验证了 8 个案例。

从实验结果看，我们发现所有案例（Help Story 和 Harm Story）中，具有意向性判断比例方面 Help Story 小于 Harm Story，故而可以确定诺布效应的存在。

Verena Utikal 和 Urs Fischbacher 发现，领导者的经济状况（大企业和小餐馆）不同，人们的意向判断也有所不同，以此案例为基础，我们虽然在京都产业大学和苏州大学均确认了诺布效应的存在，但在宁夏大学并没有证据显示该效应存在。

本章中假定参试人员即便不了解副作用（外部性）是正面的还是负面的，也能观察到诺布效应。

第二节　先行研究概述

本节将围绕对 Intention 和 Intentionality 的哲学讨论进行概述。第一部分中的讨论可以追溯到亚里士多德的四原因说（Four Causes），但本章以 20 世纪后半叶英语圈的哲学研究为中心进行概括，指出每个哲学家对意向和意向性的定义都有很大的差异。

第二部分对传统哲学中的思想实验和实验哲学中的哲学实验的异同进行考察。当对同一个问题有不同的见解时，传统哲学家往往会想象出现实中不可能发生的极端情况，然后探究各个情况的结果，并根据自己的直觉和自省考察哪种见解是正确的，这就是思想实验。然而实验哲学家并不是亲自参与思想实验，而是让普通人参与思想实验，然后要求他们对各自的考察进行报告，并对这些进行分析，说明普通人是如何考察的。

第三部分将对 Malle 和 Knobe（1997）的理论进行概述。该理论是关于意向和意向性的实验哲学研究，是本章分析的出发点。将对该研究方法（进行了怎样的实验）、结果（观察到什么）和主张（实验结果具有怎样的哲学含义），以及相关研究进行说明。本章第一节中所阐述的围绕意向和意向性的争论表明了哲学家对这些概念有多种理解，但 Malle 和 Knobe 的实验研究表明，普通人对意向和意向性的判断并不像哲学家的判断那样多样，只是具有某种共通的日常心理学特征。

第四部分对 Knobe（2003）的实验结果进行了阐述，这是关于副作用（外部性）的实验研究，是本章分析的基础。

第五部分对 Knobe（2006）的理论进行了概述。同时，笔者将在本部分中对意向性判断在道德判断中所起的作用和过程等的理论研究进行详述。

第六部分对意向和道德判断的实验研究进行阐述。

第七部分将就副作用（外部性）对意向性判断的影响展开阐述。

第八部分将对 Verena Utikal 和 Urs Fischbacher 的实验进行概述。本章的实验即为在参考了他们的实验的基础上进行了实验设计。本节将详述他们的实验设计、实施过程和实验结果。

一、意向和意向性

人类会对他人行为背后的意志和意识进行想象。例如，当你看到一个人在跑步时，你会认为他是为了“跑”而跑，你会试着想象那个跑步者的心情，猜测他的行为，讨论他行为的好坏。这并不是看见滚动的球时会思考的事。[①]

在哲学和心理学的研究中，通常会将意向（Intents or Intentions）和意向性（Intentionality）进行区分。例如 Chapman（1990）中提到：

意向性是精神的某些状态所具有的定向性质等，意向（Intentions）是如因果关系般先于行为而存在的，这就是意向性精神状态的唯一形态。 （2.1）

该研究中所阐述的有意向性的精神状态可能有很多种，意向是其中的一种。

这最多只能证明婴儿具有某种意向性状态（欲望、喜悦、愤怒、欲望没有得到满足），而不能证明婴儿具有意向。 （2.2）

仅仅两个月大的婴儿也希望得到报酬，他们按照自身欲望是否得到满足而表现出喜悦或愤怒。

承认主体中有意向性并不意味着主体一定具有意向。[②]

意向和意向性的区别相当于认知心理学家 Searle（1980）所主张的事前意向（Prior Intentions）和动作中意向（Intentions in Action）的区别。前者指计划要做什么，用“I will do X”和自我指征（Self-referential）的语言表达。而后者是正在做什么的经验（Experiencing of Acting）。人有时会在没有事前意向的情况下采取意向性行为（Intentional Action），有时即使有事前意向却并未采取任何行动，但此时的事前意向可能会影响意向性行为。实际上，事前意向不仅会使主体产生行为 X，还会影响具体如何做 X。这是用于区分受事前意向影响的行为（Act Influenced by Prior Intentions）和仅与动作中意向相关的行为。

---

① 不过即便是无生命的物体的运动，当假设该物体具有意识和知觉可能会更容易理解时，人类即便是小孩也有将无生物拟人化并记述其运动的倾向（Dasser，Ulback & Premack，1989）。

② 本段落以及接下来的三个段落是遵循 Neuman（2007）的理论而进行的阐述。本章将 Intention 全部表述为“意向”。在日语中，Intention 有时表达为意图或有意会更加自然，这种区分表达是为了避免模糊 Intention 的共通概念，或避免在其中混入其他价值判断的可能性。

从行为分析（Behaviour Analysis）的视角看，意向不是行为者在行为中所发挥的作用，而是观察者对他人行为的原因的归结。即：对于非行为分析主义者来说，意向是：①存在于行为者内部；②为行为者行为的产生提供充分条件；③说明行为者的行为。而对于行为分析主义者来说，意向是：①行为者的环境；②行为者的行为动机；③观察者为了理解行为者的行为而归纳的原因。

但是，在行为分析以外的哲学和心理学中，经常会发生错误地使用与意向相关的概念的情况。Hinterline（2003）指出，意向并非亚里士多德所说的终因（Final Causes），而是其说的动因（Efficient Causes），虽然这是对因果关系的简略说明，但指出了意向性（Intentional）一词容易使人错误地从行为者内部寻求他人行为的根源。Neuman（2004）认为，不采取行为分析立场的心理学将受意向影响的行为（Intention-influenced Behaviour）按照意向性进行区分，分为指导性控制（Instructional Control）或规则支配行为（Rule-governed Behaviour）、伴随性形成行为（Contingency-shaped Behaviour），批判了从行为分析出发仅具有意向而有时也使用意向进行表达的做法。

在心理学和哲学中，无论是否站在行为分析的立场上，对他人行为的解释都非常重要，解释的关键在于如何理解他人的意向。Maselli 和 Altrocchi（1969）认为，对他人意向的归结，无论是在对人知觉（Person Perception）还是在对人关系（Interpersonal Relations）中都处于中心地位，会受到人格主义（Personalism）、关联性（Hedonic Relevance）、权力（Power）、亲密性（Intimacy）、责任的归属（Ascription of Responsibility）等因素的推动，但也可以将其描述为行为刺激（Cues）的逻辑推论，或者将观察者自身意向直观地看作是根据其个人知识所进行的判断过程。同时，该理论虽然主张每个人都能够把社会理解为可预测的东西，并可以帮助其采取与社会相适应的行为，但有时会引发毁灭自身和社会的行为。

人类该如何理解他人的意向呢？这或许是一种具有某种生命力的知识体系，即使他人的行为十分新奇，但随着时间的推移，错综复杂的事实也会逐渐清晰，人们会根据这个体系推测他人的意向。

二、哲学实验

“为了解人类感知他人意向的过程，近年来开展了跨多领域的研究”，其中也包括实验哲学（Experimental Philosophy）。这是在英语圈影响力不断增强的新哲学，是本章遵循的方法论，在对此进行说明之前，本章先就哲学或伦理学中的实验进行概述。[①]

哲学中通常把实验称作思想实验（Thought Experiment）。医学伦理学家Hope（2004）指出：

哲学家经常使用想象中的事例进行讨论的验证和概念的探讨。这样的事例被称为思想实验（Thought Experiment），这和许多科学实验一样，是为了验证理论。（2.3）

此处的“为了验证理论”指为了测试理论的连贯性，而在多个类似的情况下对判断进行探究。

当你在两种非常相似的情况下做出不同的决定或采取不同的行为时，你必须指出道德上的重要差异，以使你做出的不同决定正当化。否则，就是缺乏连贯性的表现。（2.4）

在多种类似的情况中，也包括现实世界中不可能发生的极端情况。本书将引用著名的Foot（1978）思想实验进行举例。

让我们来谈谈这个原理为什么应该被认真进行探究。该原理确实存在异于常理之处，虽然围绕依存关系进行解释非常困难，如果将其用于对堕胎问题的探讨上，便会得出具有诡辩性的结论。但是，笔者之所以推崇这个原理，是因为认为反对该原理的人们执意采取一种极其让人难以拥护的见解。例如，围绕下述案例发生过的激烈争论。假设某个法官被暴徒要求：“判犯人有罪，否则为了报仇我们将自己杀掉那些家伙（社会上的某个集团）。”但是，法官认为，虽然尚未判明真正的罪犯，但只有将某人捏造为犯人并判刑才能避免流血惨案的发生。作为比较案例，我们假设有一位飞机驾驶员，其驾驶的飞机即将坠落在人口密度大的地区。不过驾驶员可以控制方向，使其坠落在人口密度较小的地区。为了使两个案例尽可能相近，你可以将其假设为失控的货车司机，而不是坠落的飞机驾驶员。他所能做的，要么是放任失控的货车撞死正在车道上工作的5个人，要么把货车开向另一条车道上，撞死在该车道上工作的1个人。或者假设暴徒有5名人质。于是，这两个案例就变成了同样都是用5个人的生命换取1个人的生命的例子。问题是司机必须毫不犹豫地说出货车要调头的理由。但大部分人都会认为在尚无证据的情况下将他

① 本书的思想实验的概述是以日本学者儿玉（2010）的理论为基础进行的。

人指判为犯人等行为是令人厌恶的事情。也许有人会指出，这涉及司法腐败的因素，因此属于特殊情况。当然，这很重要。但如果A为了消除该状况想要杀害无辜的人，并将A逮捕为犯人，笔者仍然认为这是非常可怕的事情。双重效应学说（the Doctrine of Double Effect）提供了从该困境中逃脱的方法。如果把方向盘交给一个心中蓄谋已久要杀死某人的人，这将成为此人杀人计划中的一部分，情况就有所不同了。况且这里对善的要素主张是非常重要的。在现实世界中，车道上的工人被撞身亡并不是唯一的结局，也许他能够在隧道的墙壁上找到鹰架并在货车飞驰而过之时紧紧抓住不放。这样，货车司机就不会把他轧死。但是，法官为了自己的（善意的）目的，必须让一个无辜者送死。即便是能够证明无辜者可以免于绞刑，法官也必须设置另一种处死此人的方法。选择对无辜者判刑，就是选择实现这一恶行。因此，必须在相关的善恶权重中加上确定的东西。直接意向和隐含意向（Oblique Intention）的区别是核心，在不确定的世界中是极其重要的。

然而，这并不是拥护双重效应学说。因为，以什么为目的和以什么为暗中意向之间的差别，对道德判断或许非常重要，然而当这种差别与善恶平衡中确定性的差异相关联时，就变得不那么重要了。此外，笔者也非常关注将双重效应学说应用于堕胎问题中的做法。在医学上确定性总是非常大，对行为所造成的特定“可能结果”说三道四，不过是吹毛求疵，这当然无可辩驳。因此，为了确认双重效应学说，应该斟酌将确定性束之高阁的各个案例，这当然不仅仅是哲学上的兴趣。那么我们为什么不能讨论这些从货车司机到法官的案例呢?

现在，尽管事实相当（不如说）可笑，但正是我们讨论为什么要认真对待该学说的时候。讨论其依存关系是非常困难的，并且在将其应用于堕胎的问题时给出了诡辩的结论。其充满魅力的原因在于其对手（敌人）经常采纳相当不合理的观点。因此，围绕以下几个案例的激烈争论一直在延续。第一个案例，假设某个法官或行政长官面对来自有过罪行的暴民的威胁，如果不满足他们的要求，暴徒将用自己的鲜血向特定的社区复仇（假设暴徒要求法官或治安法官，必须为某一特定的罪行找出罪犯，否则暴徒将用自己的鲜血对社区的特定区域进行复仇）。然而法官无法揪出真正的罪犯，如果他希望尽量防止流血事件的发生，就只能诬陷无罪之人顶罪并执行死刑。第二个案例，一个飞机驾驶员在飞机即将坠落的时候，是否应该从人数更多的居民区开到人数更少的地方。为了尽量形成一个极其类似的案例，假设他是一辆失控有轨电车的司机，他只能从一条窄车道将电车操纵到另一条车道，一条车道上有5个人在工作，而另一条车道上只有1个人，他进哪条车道就会杀死该车道上的人。第三个案例，假设在暴乱中暴徒有5名人质的情况下，用1条生命去换取5条生命。问题是为什么笔者会毫不犹豫地说那个司机应该将车开向人少的车道呢？笔者也被自己这种坑害无辜的想法吓了一跳。这可能是因为后一案例所表现（包括正义的腐败）的特征，当然，这真的非常重要。

这就是众所周知的电车难题（Trolley Problem），“将电车引入另一条车道，与法律责任无关，是否在道德上被允许（Permissible）”的思想实验。电车难题不仅以传统哲学进一步讨论过（Thomson，1985；Kamm，1989；Unger，1996），而且近年来对认知科学和神经伦理学也产生了影响（Mikhail，2007；Greene，2007）。[①]

确实，思想实验是通过让人思考极端的状况，如无法通过日常经验进行判断，以无法意识到的人类的直觉（Intuition）更明确地呈现出来。但是，如果只是为了确认希望在宇宙的任何地方都普遍成立的物理定律，笔者在实验室里设置日常生活中几乎不会经历的极端环境中调查理论是否成立，虽然在方法论上没有缺陷，但依照主张“人在现实世界中应该……”的某种哲学理论，例如，此类在现实中根本不可能存在的假想环境，则无法引导（指导）人们去做出应该实施的行为，这样一来，就表示该理论不正确（正确）吗？社会上同样存在大量通过宏大的虚构世界揭示人性的文学作品，所以并不能认为非现实性设想的考察是毫无意义的。Hare（1981）指出：

如果要谈现实生活中某种情况下的直观思维，事例就应该是现实生活中存在的案例。（2.5）

该说法也有其道理。

对思想实验存在的另一种批判是，在思想实验中观察到的是哲学家自己的思考。例如，电车难题（Trolley Problem）描写了哲学家Foot的一般道德判断，即如何看待在极端情况下“为帮助多数而杀死其他少数是可行的吗？”这一问题。当然，读者读到该案例后会有自己的想法，也会思考其他读者和

---

① 关于“对哲学感兴趣的人们”是如何看待电车难题的，请参考The Phil Papers Surveys的Trolley Problem（http://philpapers.org/surveys/）。调查结果显示，931人中有635人（68.2%）回答“更换”，71人（7.6%）回答“不会更换”。同样发现回答者（自我陈述的）是否对哲学感兴趣也会对答案有所影响。

普通人是怎么想的。但是，笔者和自己以外的其他人的想法究竟如何，是无法通过思考得知的。实际上，需要通过对多人进行采访才能获知其想法。

实验哲学是向普通人提出电车难题等与公平正义等道德和哲学相关的问题，并根据他们的回答分析普通人的直觉和推论。笠木（2009）提出，实验哲学的新颖之处在于，不仅依靠哲学家的直觉和思辨进行哲学考察，而且是主张使用实验心理学的方法，即对普通人（非哲学家）的直觉进行统计调查，然后对调查结果进行哲学分析。

三、意向的实验哲学研究

思辨和现实世界并不是直接联系，而是通过观察或实验联系起来的。第二部分介绍的实验哲学，对第一部分提到的“人理解他人的意向性的过程”进行了实证考察。

Malle 和 Knobe（1997）在实证研究基础上指出，很多人都具有意向性的民间概念（A Shared Folk Concept of Intentionality），并据此判断他人行为是否具有意向性，主张对该行为进行理解、说明或批判。根据他们的实证研究，当要求对“意向性”一词进行定义时，人们列举了欲望（Desire）、信念（Belief）、意图（Intention）、意识（Awareness）4 个要素，并且认为第 5 个要素是技能（Skill）。基于上述要素提出了所有人拥有的常识概念的意向性模型（见图 2–1），并对人们如何认识社会、行为原因的归结、人类认知发展等含义进行了探讨。

图 2–1 以对普通人的提问调查为基础，展示的不是专家对心理的理解，

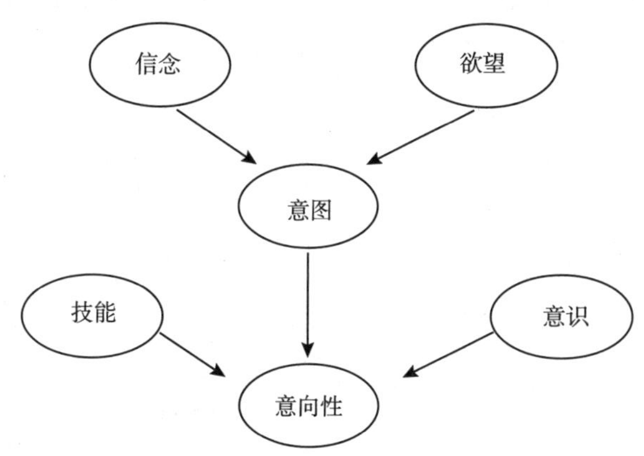

图 2–1 Malle 和 Knobe（1997）的理论

而是外行人为了理解他人的行为而使用的民间心理学（Folk Psychology）。即外行人认为人们的信念和欲望共同决定了人们的 Intention，而被决定的 Intention 又控制了人们的行为。

Kashima Y.、McKintyre A. 和 Clifford P.（1998）提到，关于"人们的信念和欲望相互结合，并共同决定意向，被决定的意向再控制行为"的民间心理学常识，心理学家的直觉和外行人的直觉并非能够保持一致，关于人类行为，普通人将人类行为的因果循环知识具体化后形成信念、欲望和意向等概念化范畴。为了理解并预言人们的社会行为，以及为了说明在文化背景及他人的关联中被决定的单纯行为（Scripted Action），他们展开了实验，并主张民间心理学是推进实证研究的有益指引，实验可能会再次重现归因理论（Attribution Theory）的创始人 Heider（1958）的研究计划。

Malle B. F.、Knobe J.、O'Laughlin M. J.、Pearce G. E. 和 Nelson S. E.（2000）在分析人们解释人类行为所使用的概念的区别时，使用自由回答的形式进行了探讨，这比将原因视作行为者和状况中的任意一个的传统两分法更为复杂与成熟。并且，当他们引入说明人类行为的外行模型进行探讨，并发现当说话者带着维护听众印象的特定目标进行说明时，当听众从说明的方法推论出其目的时，说话者会改变说明的方法。

Malle（2001）指出，人们对（每个人的判断可能有所不同）某一行为究竟是非意向性行为还是意向行为（而不是像传统归因理论所主张的那样深思熟虑）的判断往往来自于瞬间，对于前者，只是将原因归结于对行为者来说不稳定且无法控制的外部理由（Causes），对于后者，主张通过重视促成因素（Enabling Factors）和理由的因果史（Causal History of Reasons）来进行说明，将图 2-1 重新构建为图 2-2 的"意向性行为理论"。

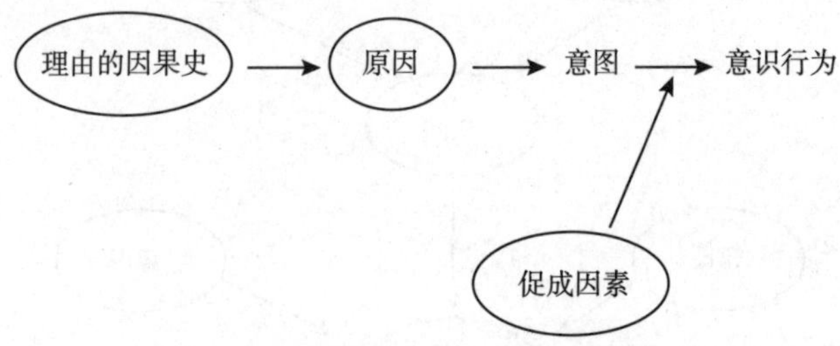

图 2-2　Malle（2001）的理论

为了理解 Malle（2001）的观点，Malle、Knobe 和 Nelson（2007）在例句中表示：

安妮为了考试学习了一整夜，因为她想做得好。（2.6）

安妮对测试结果很紧张，因为她想做得好。（2.7）

上面的两段文字在语言表达上非常相似，但说话者（安妮行为的观察者）认为行为者（安妮）和行为之间存在的关系不同。例句（2.6）的说话者把安妮的行为（通宵学习）解释为理由（想取得好成绩），把安妮的行为看成是具有意向性的，但例句（2.7）的说话者承认安妮的行为（非常紧张）背后有同样的理由，认为安妮的行为是非意向性的。这是因为可以将“通宵学习”视为动因，而无法将“非常紧张”视为动因。

动因是使意向变成行为的物理条件。但动因包括技能、努力、毅力等。即使有意向但没有动因，也不能转化为行动。或者，即使行为得到了意向中的结果，也无法将这一结果视为是由意向导致的。例如，心中想掷出六点的骰子，而最终确实掷出了六点骰子，也不能视为是意向的结果。

理由是行为者使意向变成行为的心理条件。当我们反思自己做了某事的原因时，就会考虑到信念、欲望、价值等，这些都是理由。例如，某个工人为了避开上下班高峰期，很晚才从家里出来，结果迟到了。迟到的原因既不是从家里出门时间晚，也不是道路拥挤，而是想要避开上下班高峰期的欲望。

理由的因果律使行为者把理由和行为联系起来。即人为什么有这样的欲望和信念等，这些理由的环境、背景和起源不会受到行为者所具有的主观性和合理性等规则意识的束缚。因为行为者只是受到理由自身驱使而采取行为的代理人。例如：

安妮邀请本吃饭，因为她很友好。（2.8）

凯瑞给植物浇水，因为她早上在家。（2.9）

以上两个例句是 Malle（2001）的例句。在例句（2.8）中，说话者（安妮行为的观察者）将安妮的行为（对本发出邀请）解释为理由（安妮很友好），但实际上“安妮很友好”并不是理由，而应该看到理由的因果律。这是因为行为者（安妮）并没有去想“我是友好的，我应该邀请本一起吃晚餐”，因此可以把安妮的性格友好看作是行为理由（安妮友好）的契机。当然，安妮想和本进一步交流想法，或者想对本做其他事情等都可以成为理由。在例句（2.9）中，大概凯瑞也没有想“因为早上在家，所以给植物浇水”，更可能的是，理由的因果律（在家）引起了想要照顾植物的愿望，或者让他想到了植物需要水。

四、诺布效应

意向是人们了解自己和他人行为的一个基础，同时影响人们对行为的评价。无论哲学还是心理学中，行为是否具有意向性在道德评价中都非常重要。许多哲学家都如 Bratman（1987）所概述的那样，认为如果想要完美地理解意向的概念，则必须充分地理解它在道德判断中的作用。

在实验哲学中，同样进行了关于意向和道德评价之间关系的相关研究。Shultz 和 Wright（1985）是分别将某人有意向性地、不小心地（Negligently）、偶然地（Through Pure Accident）对其他人造成损害或带来收益的故事讲给大学生听后，询问其行为者造成结果的程度、对此的道德责任、期望的报酬或处罚。学生们的判断分为收益判断和损害判断。即学生们回答说，带来收益的行为者只有在其有意向的时候才应该受到奖赏，而造成损害的行为者，无论其行为的本意是否出于意向都应该受到惩罚。

根据行为给他人带来利益还是招致损害的不同，人们在思考其行为是否具有意向性时所使用的判断标准也有所不同。Knobe（2003）的实验是调查人们对副作用（Side-effect）的评价结果，实验在曼哈顿公园路过的 78 个人中展开。

Harm Story.

一个公司的副经理对经理说："我们开发了一个新项目，这个新项目会给公司带来利润，但同时会破坏环境。"经理说："我不关心环境的好坏，我只想尽可能地盈利。开始运作新项目！"于是这家公司开始了新的项目，当然也破坏了环境。（2.10）

问题：你认为经理是有意在破坏环境吗？

Help Story.

一个公司的副经理对经理说："我们开发了一个新项目，这个新项目会给公司带来利润，同时也会改善环境。"经理说："我不关心环境的好坏，我只想尽可能地盈利。开始运作新项目！"于是这家公司开始了新的项目，当然环境也得到了改善。（2.11）

问题：你认为经理是有意在改善环境吗？

结果，82% 的人阅读了副作用（外部性）为负面的假想例回答“经理是有意图地使环境变坏”。在阅读副作用（外部性）为正面的假想例的人中，只有 23% 的人回答“经理是有意图地改善环境”。无论在哪个故事中，尽管经理都说自己对环境是不关心的并表明了只渴望得到利益，但多数人认为负面的副作用（外部性）是经理有意图造成的，而不把正面的副作用（外部性）视为经理有意图造成的。

因此实验发现，人们是否把副作用（外部性）看作意向性的判断是根据副作用（外部性）的善恶确定的，该发现受到普遍关注并被称作“诺布效应”（Knobe Effect）或“副作用（外部性）效应”（Side-Effect Effect）。研究者也开展了相关研究，许多研究方式和 Knobe 一致，通过向人们提示虚拟的故事，并向他们询问是否认为行为者的行为是有意图的，以此证明诺布效应的普遍性。下面，依次对第三部分的理论修正进行意向与道德判断的理论研究和实验研究，对副作用（外部性）的评价研究进行概述。

五、意向与道德判断的理论研究

Knobe（2003）基于自身的发现，得出不够充分的结论：

> 1997 年，实验心理学家 Malle 和我以实证研究为基础曾经主张：“人们认为某种效果是有意向性产生的，是行为者特别试图产生这种效果造成的。”现在回想起来，作出该结论时操之过急。正确的应该是，人们对某个副作用（外部性）是否“有意”地产生直觉，受他们对问题的特定副作用（外部性）的态度的影响（Harman，1976）。因此，对于人们是否认为某行为者有意向性地带来了“某个副作用（外部性）x”这一问题，寻求普适化的答案大概是错误的。人们的判断与 x 有什么明确的依存关系，特别是人们对 x 究竟是好事还是坏事的判断，会产生很大的差异。（2.12）

Knobe（2003）进一步改进了人们将哪些行为视为意向性行为的这一实验，结果表明人们对行为的善恶、正误、赏罚的评价将强烈地影响他们判断该行为是否为意向性行为。

Knobe J. 和 Gabriel S.（2004）通过实验进一步详细研究了 Knobe（2003）所提示的意向性判断。结果发现，当一个主体做出某种行为时，人们对这一行为是否具有意向性的认识，与这一主体是应该受到赞扬还是指责相比，受到这个行为是正面的还是负面的判断的影响更大。基于以上发现和考察，Knobe J. 和 Burra A.（2006）提出了使用图 2-1 来取代图 2-3 的观点。这就是意向性行为的两阶段理论（Two Sub-processes）。

（1）第一阶段。做出行为是正面的还是负面的判断。这种对善恶或道德价值（Moral Value）的判断是直观的（Intuition）。

（2）第二阶段。根据选择的特征（Features），做出具有意向性还是非意向性的判断。在第一阶段判断为"恶"时，如果判断主导者能够猜测结果（即选择的特征确实具有那样的信念），则判断是意向性的。在第一阶段判断为"善"时，不能仅凭信念判断是否为意向性，而应根据欲望和技能等附加特征判断其具有意向性还是非意向性。

（3）第三阶段。决定应给予行为者的赏罚。

与上述研究相关联的 Knobe（2006）通过案例研究，探究了人们将他人的行为区分为意向性和非意向性的理由，虽然普遍认为外行人的心理学主要功能是猜测、解释和控制他人的行为，但他主张人们并不仅是因为这个功能而区分意向性和非意向性。

Perugini 和 Bagozzi（2014）表示，为了推测他人的意图，人们对他人的信念和欲望的推测很重要，而且人们认为他人的信念、欲望和意图是一体的，同时指出，在猜测他人意图时，理解他人欲望非常重要，而在自身的行为中，意图和目标的关系最为紧密（见图 2-3）。

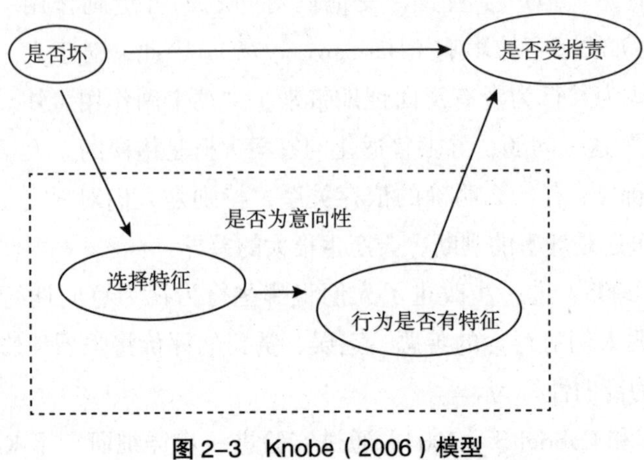

图 2-3　Knobe（2006）模型

Reeder G.D.、Vonk R.、Ronk M.J.、Ham J. 和 Lawrence M.（2004）将倾向性推论（Dispositional Inference）视为主体对他人的动机和特征而进行各种推论的统合过程。其研究结果表明，主体所感知的他人的动机可能会刺激到追加的归属处理，但主体所推测的动机的内容同样重要。主体学习了情境性特性，这些特性暗示了实施利他行为（Helpful Behaviour）的个人是否有选择的余地和隐藏的动机。他者的合作究竟归于从属动机（无选择的限制）还是利己动机（个人属性的限制），则他者利他的推论也不同。一般来说，围绕动机进行的推论，比起普遍因果归结（将他人的行动归结为当时的状况或他者的特性）和基准占比的假说，更能预测倾向性推论。

Malle（2006b）对 Jones 和 Nisbet（1971）的行为者—观察者假说（The Actor-Observer Hypothesis）进行了 Meta 分析。这种“人们倾向于用自身的状况解释自己的行为，而用人格解释他人的行为”的非对称性，在心理学上广为人知且根基十分牢固并具有说服力。但是，对 173 项研究的 Meta 分析表明，平均效应量为 -0.016~0.095。调节变量分析（Moderator Analysis）认为，无论是在对行为者进行特异性描写时，还是在说明假设的事项时，或是在行为者和观察者关系密切时，表明这种非对称性在标准化的自由记述时才会成立。此外，非对称性不仅在否定事例时成立，而且在相反的非对称的肯定事例时同样成立。这种耦合效应可能在暗示一种归因的利己模式（Self-serving Pattern），但并不存在超越耦合的行为者—观察者假说。

六、意向与道德判断的实验研究

Malle（2006）以心理学范围为中心概念开展了意向挖掘的哲学研究，探索了人类 Intentionality 的判断和 Morality（谴责和赞扬）之间的关系：

首先，在其研究中，否定的评价可能比肯定的道义评价对行为的 Intentionality 的信息反应更快，由此我们验证了在道德评价中可能存在非对称性。

其次，在法律范围内讨论 Intentionality。

最后，他将目光转向通过 Intentionality 判定，以寻求积极或消极的人类行为以讨论可能存在的非对称性，以明确判定与非对称性存在依存关系，即非对称性的不同判定可能完全不同。他同时指出，当同一行动具有中立或积极的道义后果或者具有负面或不道德的后果时，人们更倾向于在后者的情况时行为者是有意图为之。

Ohtsubo（2007）主张，道德判断中的强化效果（Intensification Effect）指当行为不是非意向性而是意向性行为时，将会受到更加极端的赞赏或指责。

Lagnado 和 Channon（2008）向人们展示了一系列将会导致负面结果的事件，特别调查了对每一个重要事件，人们对致使该负面结果原因的重视程度和认为应当指责的程度。对候选事件的意向程度进行了控制的实验参加者，与非意向行为和物理性事件相比，无论意向行为是原因还是指责对象，两个方面都非常重视。同时，对候选事件的可猜测性进行了控制的实验参加者，在结果具有可猜测性的情况下，认为行为是发生的原因，应当被谴责。

Cushman（2008）指出，一方面，人们将根据主体的精神状况判断其行为的恶劣性和容忍度，同时，根据主体的精神状况和该行为有害后果的因果关系决定奖惩。另一方面，主体做坏事未遂，但由于某种独立的其他手段而产生了这个后果，相比起由于主体失败而什么也没有发生的情况，人们会给予前者更加宽大的处理。研究表明，那些没有造成多少有害结果的主体，比那些试图造成有害结果却没有任何有害结果产生的主体更容易得到宽容。研究同时指出，这时人们做出两种不同道德判断的方法可能有：以有害结果为起点按照因果责任寻找主体的过程和以行为为起点分析该行为责任对应心理状态的过程。

七、副作用（外部性）的评价研究

Knobe 和 Burra（2006）深入研究了 Shultz 和 Wright（1985）的实验哲学研究，并有了新的发现，提出了"人们在判断行为的善恶时，根据善恶用不同的标准来判断行为是否具有意向性，判断是否应该对行为者给予赏罚"的阶段性理论。评价者心中是否真的存在意向性判断先于对行为者的赏罚判断，这可能存在争议。评价者本意有可能是"因为是坏的行为，所以想对其进行处罚，但是为了处罚，其行为就必须是意向性的，所以把行为视为具有意向性"。但是，无论如何，为了让他人或自己接受，都需要对意向性存在与否的判断先于对行为人赏罚的判断进行说明。

Leslie、Knobe 和 Cohen（2006）观察到，学龄前儿童的判断也是非对称的，他们将不期望的副作用（外部性）判定为意向性的，将期望的副作用（外部性）判定为非意向性的。

Nichols 和 Ulatowski（2007）证明了，人们对"意向性"的理解具有多样性，对于“诺布效应”存在较大的个体差异。即 2/3 的被实验者无论对 Harm Story 还是对 Help Story 都做出了相同的回答［在任何情况下都认为副作用（外部性）具有意向性或非意向性］，只有 1/3 的参试人员做出了不同的回答［认为不期望的副作用（外部性）是具有意向性的，而认为期望的副作用（外部性）是非意向性的］。换言之，只有 1/3 的普通人观察到了诺布效应的存在。

Young 等（2006）称参试人员的情绪（Mood）对诺布效应的影响并不显著。即：他对创造心情的大脑区域——腹内侧前额叶皮层（Vetromedial Prefrontal Cortex，VMPC）存在损伤的 7 人进行实验，发现他们的判断也存在诺布效应，其结果与 VMPC 没有损伤的人并无显著差异。①

Pellizzoni、Siegal 和 Surian（2009）以 4~5 岁的儿童为实验对象进行了实验。在事例中明确记载了当行为者事先不知道副作用（外部性）的结果时，许多幼儿同样表现出了诺布效应。此外，研究发现，无论行为者事先是否知道行为的后果，当在没有确定行为人所关心的状态是什么的时候，幼儿们会将正面的结果看作不是意向性的，将负面的结果视为是意向性的。但是，当行为者对结果抱有错误的想法时，并不能判断出结果是具有意向性的。

八、Verena Utikal 和 Urs Fischbacher 的研究

（一）Utikal 和 Fischbacher 的问卷调查

Utikal 和 Fischbacher（2009）以所有 180 名实验参加者为对象，以 Knobe Story 为问题实施了问卷调查。问题的顺序是随机的。问卷的答案不会影响实验参加者所获得的金额。在此基础上，同时对与 Knobe Story 类似的两个 Story

① VMPC 是掌管与人的交往中产生情感的大脑部位，特别是同情、羞耻、义务等情感。研究报告称，在处理电车难题时，VMPC 损伤患者同样做出了以社会整体利益为优先的功利主义判断。这一结果值得思考。Young 等的实验并不意味着诺布效应不涉及任何情感，但指出了与电车难题有关的情感并不依赖诺布效应。那么在做出道德判断时，情感又起到怎样的作用呢？另外，此类问题能科学地解释吗？美国爱荷华大学医院的科尼格斯博士等以腹内侧额叶皮质（VMPC）受损的 6 名患者为对象，进行了一项道德判断实验。博士们把道德判断的问题分为两类：一类是社会整体利益和个人情感存在冲突并产生强烈矛盾的问题（如为了救 5 个人而牺牲 1 个人）；另一类是虽然问题与第一类很相似，但矛盾相对弱化（如救 5 个人，还是救 1 个人）。实验结果表明，VMPC 损伤患者无论矛盾的强弱，接受实验者均做出了以社会整体利益优先的功利主义判断。博士等说，根据这一结果，我们可以对情感在道德判断中发挥的部分作用进行解释。（http：//www.newton-doctor.com/mnews/mnews0723-05.html）

（Harm Ⅱ Story 和 Help Ⅱ Story）进行了调查。

Harm Story.
一个公司的副经理对经理说："我们开发了一个新项目，这个新项目会给公司带来利润，但同时会破坏环境。"经理说："我不关心环境的好坏，我只想尽可能地盈利。开始运作新项目！"于是这家公司开始了新的项目，当然也破坏了环境。（2.13）
问题：你认为经理是有意在破坏环境吗？

Help Story.
一个公司的副经理对经理说："我们开发了一个新项目，这个新项目会给公司带来利润，同时也会改善环境。"经理说："我不关心环境的好坏，我只想尽可能地盈利。开始运作新项目！"于是这家公司开始了新的项目，当然环境也得到了改善。（2.14）
问题：你认为经理是有意在改善环境吗？

Harm Ⅱ Story.
一间餐饮店的副经理对经理说："想开发一种新口味的汉堡包来增加收益，但是，隔壁的麦当劳的收益会减少。"经理说："我不在乎麦当劳的收益减少，推出新口味的汉堡包。"结果，这家餐饮店的收益增加了，隔壁麦当劳的收益减少了。（2.15）
问题：你认为经理是有意在减少麦当劳的收益吗？

Help Ⅱ Story.
一间餐饮店的副经理对经理说："想开发一种新口味的汉堡包来增加收益，但是，隔壁的麦当劳的盈利也会有助益。"经理说："我不在乎对麦当劳有没有助益，推出新口味的汉堡包。"结果，这家餐饮店的利益增加了，隔壁麦当劳的收益也增加了。（2.16）
问题：你认为经理是有意在增加麦当劳的收益吗？

Utikal 和 Fischbacher 将这份问卷调查的 Harm Ⅱ Story 和 Help Ⅱ Story 分别以 Lake Lab（TWI/University of Konstanz）的 53 人和 Zurich（University of Zurich）的 34 人为对象，收集了其意见。为了防止顺序效应，实验参加者得到问题的顺序是随机的。实验和问卷调查使用了 Z-tree（Fischbacher，2007）。

（二）Utikal 和 Fischbacher 问卷调查的结果

Utikal 和 Fischbacher 的问卷调查，除了直接使用了诺布效应的 Help Story 和 Harm Story 之外，同时对 McDonald's Story（Harm Ⅱ Story 和 Help Ⅱ Story）进行了调查。他们调查的结果显示：关于 Knobe Story，在 180 名实验参加者中，80% 的人回答“经理有意在破坏环境”，只有 32% 的人回答“经理有意在改善环境”。这种差异非常明显，且并无明显的顺序效应。另外，51% 的参加者认为虽然“经理有意在破坏环境”，但回答为“经理有意在改善环境”，3% 的人认为“经理有意在改善环境”，但回答为“经理有意在破坏环境”。有 16% 的人同时给出了“经理有意在改善环境”和“经理有意在破坏环境”的回答。30% 的人既不认为“经理有意在改善环境”，也不认为“经理是有意在破坏环境”。这两项调查发现了诺布效应。

关于 McDonald's Story（Harm Ⅱ Story 和 Help Ⅱ Story），有 27% 的参加者回答了“经理有意地减少麦当劳的利润”，15% 的参加者回答了“经理有意地增加了麦当劳的利润”。18% 的参加者认为“经理有意图地减少了麦当劳的利润”，但回答为“经理有意增加了麦当劳的利润”。6% 的人认为“经理有意增加了麦当劳的利润”，但回答为“经理有意减少了麦当劳的利润”。9% 的人同时给出了“经理有意增加了麦当劳的利润”和“经理有意减少了麦当劳的利润”的回答。67% 的人既不认为“经理有意增加了麦当劳的利润”，也不认为“经理有意减少了麦当劳的利润”。在这两个故事中没有发现诺布效应，其原因可能是对于经济状况的设定相对较低。

第三节 实验研究

本节阐述了笔者开展实验的目的、内容和实验结果。第一，阐述实验哲学的问题和实验经济学的方法。本书是利用实验经济学的方法来验证哲学问题，阐述了其理由和优点。第二，对本书作出改进的地方进行说明。第三，详细说明了笔者开展实验的目的和设计。

一、实验哲学现存问题和实验经济学的方法

实验哲学不仅对传统哲学，对其他人文社会科学都有可能产生影响。例如，诺布效应，即人们可能存在一种倾向，即“某人即使附带地给他人带来

利益也不会受到赞赏，但如果附带地损害了他人则会受到谴责”。该效应会影响社会的报酬和惩罚体系，具有一定的经济意义。

但是，哲学实验的回答者会如实陈述自己的意见吗？实验哲学的实验是在无论回答者做出哪种回答都不会有任何损失或好处的环境下，询问参试人员“作为没有利害关系的公平第三方的意见”，但是，即便是知识实验者提示说“请认真思考”，回答者便会认真考虑吗？如果实验者只保证“无论你做出怎样的回答，都不会公开你的答案，也不会追究你的责任”，回答者还会如实陈述自己的想法吗？

实验经济学研究者认为，除非给予认真思考并说出真实的意见的回答者一定的经济激励，否则回答者不一定如实作答。实际上，实验经济学研究者创造出了影响实验参加者收入的环境，要求实验参加者在预先确定的范围内做出决策。如果提问者向回答者提问：“你是希望立即可以得到100万日元，还是10年后得到1000万日元呢？”实验经济学研究者既不会认为提问者会得到诚实的回答，也不会认为回答者会诚实回答。实验经济学研究者会提问：“现在可以给您3000日元还是明天给您3100日元，您觉得哪个好呢？”（并根据回答实际支付酬金）。的确，实验者只问可以实现的选项会限制可以进行调查的决策范围。但是，如果回答不影响得到的酬金，回答者可能不会做出诚实的回答。实验经济学不相信对假想问题的回答。

实验经济学按照实验参加者的决策向其支付酬金的目的，上述例子中是为了让他们认真地做出决定，但其目的远不止于此。更重要的是，通过调整向实验参与者支付酬金的方式以控制实验者的偏好。

我们对上述事项展开阐述。一般来说，经济实验是游戏，按照事先说明的游戏规则，参加者可以根据行为在游戏中获取得分。诚然，如果是有趣的游戏，即使一日元都赚不到，参加者也会认真参与游戏。但是，尽管对得分进行了明确定义，但并不意味着明确设定了参加者的目标。参加者可能希望尽可能地获得高分，也可能只希望比其他参加者获得更高的分数。因此，当实验经济学研究者希望游戏的参加者采取行动使自己尽可能获得较高得分时，他们会向每个人保证将按照其在实验中的得分比例向每个人支付酬金。当研究者希望游戏参加者作出战胜对手的决定时，研究者会宣布只向胜利者支付酬金。

实验者只是口头或书面提示参加者“请以提高自己的得分为目标进行游戏”，那么参加者不一定会这么做。即使该要求可以暂时限制参加者的决策，也无法保证通过游戏引导参加者做出决策。若实际情况中，游戏参加者专注于游戏时自己制定目标并想方设法达成，则很容易无视实验者的要求。如果参加者的目标可能背离实验者的要求，那么即使在游戏中观察参加者的决策，也无法确定其决策的真正意义。通过酬金结构控制实验参加者的偏好，可以达到防止参加者随意改变决策的目的。

总而言之，实验经济学通过酬金结构控制实验参加者的偏好并开展实验。一般来说，实验经济学既不主张“人类有……的偏好”，也不主张“人类采取……的行为”。相反，根据“通过酬金结构被强加了……偏好的参试人员采取了……的行为”的结果，“具有……的偏好的人会采取……的行为吧”，这是经济实验区别于不限制参试人员动机的实验和提问调查的特征，其为实验经济学主张赋予了可靠性和严密性。

但是，这样一来，可能会使哲学问题很难通过经济实验实现。调查没有利害关系的公平第三方意见的实验，可以改造成通过酬金结构诱发实验参加者利己决策的经济实验吗？为了以实验经济学的方式分析实验哲学的话题，则必须解决这个问题。

二、实验的改进

在 Knobe 以及 Utikal 和 Fischbacher 等实施的没有任何奖励的问卷调查中，要求实验参加者必须以考虑酬金方案为动机认真思考，如实说出自己的意见。

笔者的方法是，对多个实验参加者提问：今天的实验参加者有 n 人，你认为其中有多少人会回答“我认为 CEO 故意造成了副作用（外部性）”呢？只向回答了中位数的实验者支付酬劳。例如，假设 A、B、C、D、E 5 人对同样的问题分别回答 14 人、0 人、10 人、28 人、20 人。中位数无论是按从多到少，还是按从少到多的顺序，都是第 3 位，即 14 人，只有做出该回答的 A 才能得到酬金。如果事先明确该酬金结构，则会诱导实验参加者估计集体的平均意见。这种酬金结构促使参加者对假想的状况进行认真思考并做出回答。

但是，这种酬金结构对实验参加者的引导方向并不在于引导实验参加者的真实判断，而是引导实验参加者应考虑实验参加者集体的平均判断，而且，这个平均判断的意义由无限的预想支撑。“在 10 名候选人中，请投票给你认为最漂亮的女性，投票给获票最多的最漂亮候选人的人将获得奖金。”如果设置这样的赏金，想要得到奖金的话，不仅要思考自己认为谁最美，而且有必要考虑其他人将会认为谁最美，其他人也会思考自己之外的其他人认为谁最美等，投票人需要将上述因素全部考虑在内。结果即使选出了某位女性 A，也不能保证这和大多数人真正认为最美的女性 B 一致。举个极端的例子，如果所有人都在想“我认为 B 最美，其他人都认为 A 最美”的话，那么所有人都会把票投给 A。笔者使用的方法中也存在同样的问题。[①]

但是，在上述酬金结构的诱导下，各参加者所猜测的整体平均判断，以及被定义为平均的集体平均判断，都有其独特的意义。在上述的美人投票中，找不到了解 B 的方法，社会将把 A 看成是最多人认为最美的候选人，候选人和投票者都因此获益。同理，企业的真实价值也将无从获知，投机者根据自己对企业的评价和其他交易主体的猜测买卖股票，形成股价，企业和投机者因此将都有利益或损失。与每个人主观上认为公平的再分配相比，通过实验更可能观察到社会整体上认为公平的再分配可能会发挥重要的作用。而且在没有经济诱因的情况下，询问每个人主观上所认为公平的再分配非常容易，因此将其与每个人所预想的社会平均再分配相互比较，可能会提供有用的信息。

三、目的和设计

诺布效应是“人们把对他人不利的副作用（外部性）看作是行为者有意造成的结果，不把对他人有利的副作用（外部性）看作是行为者有意造成的结果”，但是将其与 Knobe（2003）的实验相结合，再进行考虑的话，会发现存在歧义。对于判断副作用（外部性）是否存在意向性，人们之间之所以存在差异，究竟是因为人们对副作用（外部性）对社会是否有利而做出的反应，还是人们对（b）行为者是否知道副作用（外部性）对社会是否有利而做出的反应呢？如果副经理说“无论好坏都会对环境造成影响”，而经理说“我不知

① 正文中的美人投票的案例，是凯恩斯在《一般理论》中对股价的成因进行比喻时所提及的美人投票的简化版。

道对环境是好是坏，我只想赚钱”，并进行投资的话，人们将如何判断这种投资必然会产生的副作用（外部性）呢？或许人们会回答“对环境带来负面影响就是具有意向性的，对环境带来正面影响就是非意向性的”吧。

不是“人们应该怎么想”，而是“人们怎么想”，不是通过思索，而是通过实验确认，而且必须进行确认。副作用（外部性）是否是人们有意造成的，一般是应该在行为之时就已经确定，但研究发现，人们的思考是按照时间顺序和给定的概念反复判断从而导出结论：

Intended action → bad side effect → blameworthy　　（2.17）

不仅如此，研究还发现了得到自己想要的结论（直观上认定的正确结论）而调整概念并建立因果关系的思考过程：

Bad side effect → intended action → blameworthy　　（2.18）

如果人们心中将直觉正当化的欲望足够强烈，即使对副作用（外部性）没有确定的想法或者预见性，也可能观察到例句（2.18）的思考过程。

一旦将行为者的赏罚导入研究计划中，诺布效应就进入了实验经济学的研究领域。实验经济学虽然并不对人们心中认为行为是否具有意向性等的问题进行处理，但可以观察并研究主体给他人带来利益或不利时应该受到奖赏还是处罚。哲学家考虑的是人的内心，而实验经济学家只考虑定量可观察的事物之间的关系。实际上，主体 A 带来副作用（外部性）是将自身的收入从 X 增加到 $X+\Delta X$，同时使他人 B 的收入从 Y 变化为 $Y+\Delta Y$（$\lesseqgtr \Delta Y$）时，Utikal 和 Fischbacher（2009）通过实验观察了再分配主体 C 将 B 的收入转移给 A 的金额 Z。他们报告称，ΔY 的正负直接关系到 C 对 A 行为的善恶判断，C 对 A 的赏罚判断直接体现在 Z 的正负上，在这样的假设下，不一定总能观察到诺布效应的存在。

关于是否具有意向性的判断，本章不仅重视产生纯粹的积极或消极的副作用（外部性）的结果，还重视主导者自身的经济状况、信念（Belief）、欲望（Desire）和事前是否清楚地知道采取这样的行动会带来什么样的结果，上述因素均会对意向判断产生较大影响。

如图 2-4 所示，框架表示主体的内心，而框架文字的各种概念以及它们之间的箭头和判断是他人所无法进行观察的部分。从外部可以观察到显示的内容，实验中全部以金额衡量。虚线的箭头是经济学家假定的主体判断。

在 Knobe 等的实验中，某个主导者想要采取对自己有利的行动，会清楚

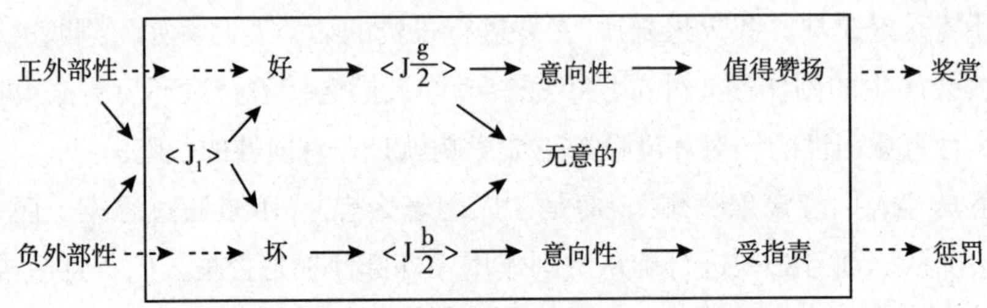

图 2–4 实验哲学和实验经济学的诺布效应的研究

地知道该做法会带来正面或负面的副作用（外部性）的情况下采取行动，在实际结果为正面或负面的情况下，向无利益关系的第三方征求关于该行为的主导者是否有意带来正面或负面的副作用（外部性）的看法。副作用（外部性）为负面时，82% 的人回答“经理有意在破坏环境”，而副作用（外部性）为正面时，只有 23% 的人回答“经理有意在改善环境”。图 2–5 中左侧表示 Knobe 的实验，即对明知会产生正面副作用（外部性）而采取行动的主导者的意向判断，23% 的第三方认为其具有意向性的，相反，对于负面副作用（外部性），82% 的人认为其具有意向性的。在 Knobe 实验中，假设人们清楚地了解事前会产生怎样的副作用（外部性）的情况，但对于事先并不清楚会产生怎样的副作用（外部性）的情况又会如何呢？

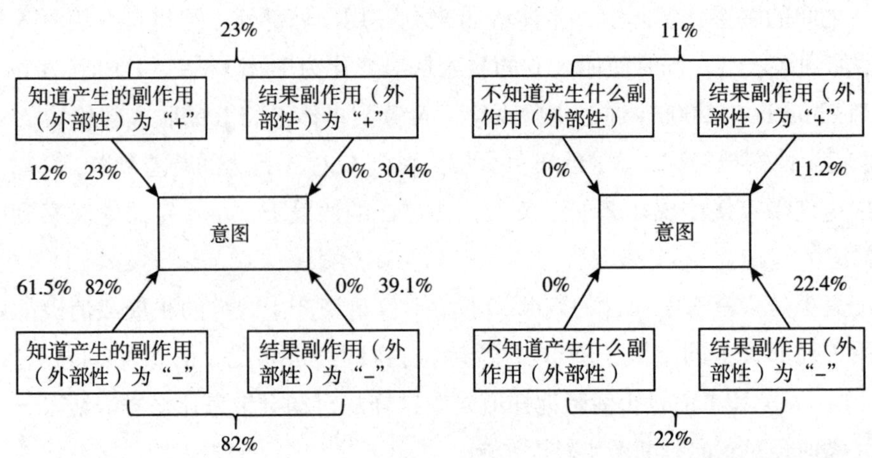

图 2–5 日本的 Opinion 结果

在本章的实验中，为了调查其差异，制作了 4 个事先不知道会产生怎样的副作用（外部性）的案例。例如，随着新项目的开展，自然环境可能会变好，也可能会变坏，实际行动的结果可能是改善了环境，也有可能是破坏了环境。虽然产生了与 Knobe 实验相同的结果，但设置了模糊的场景，即在实际行动开始之前，并不清楚会产生什么副作用（外部性）。

基于以上观点，本书对实验参加者提出以下问题。

实验是 Knobe（2003）实验的假想案例：

A_{-}^{-}：CEO 带着参加活动会破坏环境并导致环境恶化，最终环境恶化。

A_{+}^{+}：CEO 带着参加活动会改善环境，最终环境改善。

同时增加了如下新的假想案例：

$A_{-}^{?}$：CEO 意识到活动会对环境产生影响追求利益，最终环境恶化。

$A_{+}^{?}$：CEO 意识到活动会对环境产生影响追求利益，最终环境改善。

并向各实验参加者（参加者 i）针对每个假想案例提出如下问题：

1——我认为 CEO 是有意造成副作用（外部性）的。

0——我不认为 CEO 是有意造成副作用（外部性）的。

要求他们从上述选项中二选一进行回答，并求出 $O_i\left[A_b^a\right]$（$\in\{0,1\}$）。但是，对于每个假想案例 A_q^p，不仅要思索个人的意见 $O_i\left[A_q^p\right]$，同样需要猜测整体的平均意见并针对如下问题进行回答：

$\hat{A}_{+}^{?}$ 今天的实验参加者有 n 人，你认为其中有多少人会回答“我认为 CEO 有意造成了副作用（外部性）”呢？

将回答结果 $G_i\left[A_b^a\right]$（$\in\{0, 1, \cdots, n\}$）以凯恩斯美人投票的方式，仅向做出中位数回答的参加者支付额外的酬金给予他们金钱驱动。①

此外，将行为者设定为只追求自身利益的小企业经营者，而不是只追求自身利益的 CEO（可以想象为大企业），将副作用（外部性）设定为对大企业利益的影响，而不是对环境的影响。分别针对 A_{-}^{-}，A_{+}^{+}，$A_{-}^{?}$，$A_{+}^{?}$ 提出如下假想案例：

B_{-}^{-} 小企业经营者带着活动会减少大企业的利润的意识追求利润，最终大企业的利润减少。

① 在本书的实验中得到额外酬金的不是回答了最接近全体意见 $O_1\left[A_b^a\right]$，$O_2\left[A_b^a\right]$，…，$O_n\left[A_b^a\right]$ 的中位数 $G_j\left[A_b^a\right]$ 的实验参加者 j，而回答最接近全体猜测 $G_1\left[A_b^a\right]$，$G_2\left[A_b^a\right]$，…，$G_n\left[A_b^a\right]$ 的中位数 $G_k\left[A_b^a\right]$ 的实验参加者 k。虽然前者的酬金结构意义非常清晰，但会掺杂对没有金钱驱动的实验参加者在多大程度上如实回答了问题的预想，以及诱发战略性行动（例如，假设所有人都判断是存在意向性的，只有自己回答不存在意向性，n-1 人回答认为是具有意向性的）的可能性。而后者的酬金结构是让参加者回答猜测的……猜测，他和每个人的猜测的关系不明确。虽然各有裨益，但考虑到金钱驱动的效果，该实验选择使用后者的方式。

B^{+}_{+} 小企业经营者带着活动会增加大企业的利润的意识追求利润，最终大企业的利润增加。

$B^{?}_{-}$ 小企业经营者带着活动会影响大企业的利润的意识追求利润，最终大企业的利润减少。

$B^{?}_{+}$ 小企业经营者带着活动会影响大企业的利润的意识追求利润，最终大企业的利润增加。

本书在上述范围内开展小企业经营者的利益追求意向性的实验，也就是说，针对这些问题征求参试人员的意见 O_i［B^a_b］和其受金钱驱动的猜测 G_i［B^a_b］。①

在上述的8个问题中，A^{+}_{+} 和 A^{-}_{-} 分别是 Knobe（2003）的 Help Story 和 Harm Story，但是，原文中连接主作用和副作用（外部性）的接续词使用顺接和逆接进行区分，而本章的8个问题都使用了相同的接续词。这是为了排除"利润增加但（but）对环境有不良影响"或"利润增加并（and）对环境有不良影响"等表述可能对意图的存在与否或对善恶的判断造成影响。

以中日比较为前提而制作问题项目时，在不同文化的比较研究中，作为理解不同文化的基础，对翻译尺度的把握特别重要。因此，本次采用了逆向翻译。首先以日文为原文，将其翻译成中文，然后请其他译者（首都大学（东京）教授奥村哲）将译文翻译回日文，最后我们对照原文和译文并进行调整。不使用具有诱导性的接续词，这一点非常关键。

另外，$A^{?}_{+}$ 和 $A^{?}_{-}$ 分别是事前不知道副作用（外部性）好坏时的 A^{+}_{+} 和 A^{-}_{-}。也就是，$A^{?}_{+}$ 和 A^{+}_{+} 的副作用（外部性）相同，均为破坏环境，$A^{?}_{-}$ 和 A^{-}_{-} 的副作用（外部性）相同，均为改善环境，但均不是在 CEO 确定其决策时可以预想到的结果。实际上，$A^{?}_{+}$ 和 $A^{?}_{-}$ 对决策时的 CEO 来说是完全相同的选择，因为其根本不知道结果是改善环境还是恶化环境。

某行为是否有意为之，不管"有意图"的定义是什么，行为者在做出该

① 假想案例 B^{-}_{-} 和 B^{+}_{+} 是 Utikal 和 Fischbacher（2009）已经在实验中使用过的案例。他们报告称，无论是 O_i［B^{-}_{-}］还是 O_i［B^{+}_{+}］，认为副作用（外部性）是具有意向性的比例都很小。是否认为副作用（外部性）具有意向性，并不取决于副作用（外部性）是正面的还是负面的，而是取决于行为者是否比受到副作用影响者（副作用的受害者或受益者）更为强势。但是，即使认为私营企业为了追求利益而污染环境是恶性行为，且作为私营企业追求正当利益行为的副作用（外部性）会减少竞争对手的利益，但仍有很多人认为这是公平竞争的结果并非恶性行为。

行为时应该是唯一的决定。例如，假设某人 A 做了可能导致某人 B 死亡的行为。如果问人们是否认为行为者 A 有意图杀死 B，人们会怎么回答呢？由于人们对有意所持有的标准不同，所以即使给出关于这件事的完全相同信息，每个人的答案也不尽相同。但是，任何个人只要完全理解了 A 对 B 所做的事情，即使完全不知道结果，也应该能够根据各自的标准判断 A 是否有意杀死 B。当询问主体 A 的行为结果时，如果 B 死了，那么就做出 A 肯定有意图杀死 B 的回答；如果 B 没有死，那么就做出 A 并没有意图要杀死 B 的回答，做出这类回答的是那些没有正确理解意图这个概念的人。但是，行为是否有意图，即便是该行为发生再晚，在行为结束时，无论人们决定主张“应该”的做法多么合乎情理，人们是否真的这样想也不得而知，因此为了了解这一点，我们增加了 $A_{+}^{?}$ 和 $A_{-}^{?}$。

B_{-}^{-}，B_{+}^{+}，$B_{-}^{?}$，$B_{+}^{?}$ 分别与 A_{-}^{-}，A_{+}^{+}，$A_{-}^{?}$，$A_{+}^{?}$ 相对应。其中，B_{-}^{-} 和 B_{+}^{+} 是 Utikal 和 Fischibacher（2009）为了调查行为者和副作用（外部性）接受者的权力关系是否与发生诺布效应有关而设计的。

如果换成小餐馆经营者，同时将副作用（外部性）接受者（回答者往往会设想其比 CEO 贫穷得多）从附近居民替换成大型企业麦当劳。那么从 Utikal 和 Fischibacher（2009）的变更实验中发现，副作用（外部性）接受人数的变化（从大多数回答人数可能会设想到的附近居民到麦当劳的变化）和副作用（外部性）性质的变化（对环境的影响对企业的活动来说并非本质性的，但企业的逐利活动使竞争企业的收益有所增减是理所当然的）等均是与副作用（外部性）伴随而生的。

然而，$B_{-}^{?}$ 和 $B_{+}^{?}$ 在结果上分别与 B_{-}^{-} 和 B_{+}^{+} 的结果相同，且其设定与 $A_{-}^{?}$ 和 $A_{+}^{?}$ 相同，都是事前不知道副作用（外部性）的善恶情况。另外，如前所述，B_{-}^{-}、B_{+}^{+}、$B_{-}^{?}$、$B_{+}^{?}$ 中连接主作用和副作用（外部性）接续词全部相同。

第四节　实验结果

笔者在 3 个实验场所即京都产业大学、苏州大学和宁夏大学中，分别征求了 161 名、58 名和 55 名实验参加者针对 8 个假想案例 A_{-}^{-}，A_{+}^{+}，$A_{-}^{?}$，$A_{+}^{?}$，B_{-}^{-}，B_{+}^{+}，$B_{-}^{?}$，$B_{+}^{?}$ 中每个的意见 O_i［·］和猜测 G_i［·］。在实验中，假想案例经过随机排序的方式展示给每个实验参加者，同时询问他们对每个假想案例的意见和猜测[①]。各项意见（Opinion）均未设置正确答案，实验参加者仅陈述自己的意见，无论怎么回答，都不会影响自己得到的酬金。每个猜测（Guess）都设置有正确答案，当天参加实验的实验者推测每个猜测（Guess）的答案，回答中位数或回答最接近中位数的人将成为正确作答的人。每个猜测（Guess）中答对者可以获得600日元酬金（在中国进行的实验中每个Guess可以得到20元）（但当答对者超过2人时，酬金按照人数均分）。

实验结果概述如下：将假想案例中回答 A_b^a 的行为者带来具有意向性的副作用（外部性）的实验参加者的比例（$\frac{1}{n}\sum_{i=1}^{n}O_i\left[A_b^a\right]$）以及与此相关的实验参加者的猜测 $G_1\left[A_b^a\right]$、$G_1\left[A_b^a\right]$，…，$G_n\left[A_b^a\right]$ 的中位数分别用 $O\left[A_b^a\right]$ 和 $G\left[A_b^a\right]$ 表示，并将各实验场所的结果汇总。观察到下述结果：

$$O[A_+^+]<O[A_-^-],\ O[A_+^?]<O[A_-^?],\ O[B_+^+]<O[B_-^-] \text{ and } O[B_+^?]<O[B_-^?] \tag{2.19}$$

$$G[A_-^-]<G[A_+^+],\ G[A_-^?]<G[A_+^?],\ G[B_-^-]<G[B_+^+] \text{ and } G[B_-^?]<G[B_+^?] \tag{2.20}$$

$$O[A_+^?]<O[A_+^+],\ O[B_+^?]<O[B_+^+],\ O[A_-^?]<O[A_-^-] \text{ and } O[B_-^?]<O[B_-^-] \tag{2.21}$$

$$\begin{aligned}&\max\left[O\left[A_-^-\right],\ O\left[A_+^+\right],\ O\left[A_-^?\right],\ O\left[A_+^?\right],\ O\left[B_-^-\right],\right.\\&O\left[B_+^+\right],\ O\left[B_-^?\right],\ O\left[B_+^?\right]\left.\right]<\min\left[G\left[A_-^-\right],\ G\left[A_+^+\right],\right.\\&\left.G\left[A_-^?\right],\ G\left[A_+^?\right],\ G\left[B_-^-\right],\ G\left[B_+^+\right],\ G\left[B_-^?\right],\ G\left[B_+^?\right]\right]\end{aligned} \tag{2.22}$$

本节阐述笔者实施的实验结果。本节的结构如下：

第一，与Knobe（2003）进行的比较。

第二，关于和Utikal和Fischbacher（2009）调查所进行比较的阐述。

第三，阐述引入凯恩斯美人投票的 $G_i\left[A_b^a\right]$ 的结果。

第四，详细阐述了问卷调查 $O_i\left[A_b^a\right]$ 和美人投票 $G_i\left[A_b^a\right]$ 的差异。

第五，对清楚外部性和不清楚外部性之间进行比较。

第六，详细阐述在日本及中国的大学中实施的实验结果。

① 实验是作为诺布效应相关经济实验的追加，实验中没有提及意向性，实验参加者对其他实验参加者的决策以及实验结果均一无所知。

一、与 Knobe（2003）的比较

在笔者实施的实验中，在 8 个假想案例 $O_i[A_b^a]$（$\in\{0, 1\}$）中观察到的实验结果与 Knobe（2003）相同，即证实观察到了诺布效应。如式（2.19）所示，与积极案例相比，所有的消极案例中判断“我认为 CEO 有意造成了副作用”的占比更高，人们把负面的副作用（外部性）看作是具有意向性的，而并不将正面的副作用（外部性）看作是具有意向性的。虽然中日之间文化及社会环境不同，但表现的诺布效应均非常强烈。实验结果显示，除表 2-1 所示的京都产业大学、苏州大学和宁夏大学三所大学的个别案例外，8 个假想案例的差异具有统计显著性，即存在诺布效应。关于本书的原始案例［在不确定会产生什么副作用（外部性）的情况下］，如式（2.19）所示，$O[A_+^?]<O[A_-^?]$，$O[B_+^?]<O[B_-^?]$，但如表 2-1 所示，与可以确定外部性的情况相比，该分析结果具有统计显著性的差异较弱。

表 2-1　对式 2.19 的验证

	$O[A_+^+]$ vs. $O[A_-^-]$	$O[A_+^?]$ vs. $O[A_-^?]$	$O[B_+^+]$ vs. $O[B_-^-]$	$O[B_+^?]$ vs. $O[B_-^?]$
京都产业大学	<0.0001	0.0007	<0.0001	0.0007
苏州大学	0.0003	0.625	<0.0001	0.0313
宁夏大学	0.049	0.0042	<0.0001	0.0703

注：利用 Wilcoxon 的编码排序验证，将“两者无差异”作为原假设，将“有差异”作为备择假设进行验证。表内数值是原假设成立的概率。

二、与 Utikal 和 Fischbacher（2009）的比较

Utikal 和 Fischbacher（2009）研究 Knobe 的 Harm Story 和 Help Story，证实了诺布效应的存在，但他们创造的 McDonald 的 Harm Ⅱ Story 和 Help Ⅱ Story 中未能证实诺布效应存在。但是，笔者实施了同样的 Utikal 和 Fischbacher（2009）实验，结果如表 2-1 所示，在所有情况下，对于意向性的统计显示，无论在 Knobe Story 还是在 McDonald Story 中都验证了诺布效应的存在。至于结果呈现差异的原因可能是因为西方人和亚洲人在意向性判断上有本质差异。也就是说，在西方，主导者的经济能力左右着意向性判断，即倘若大企业的行为致使不良的副作用（外部性）产生，人们就会判断为应该对其进行惩罚，而换成小企业的情况时，人们不会将该副作用视为是有问题的。然而在亚洲，

不管主导者是大企业还是小企业，只要造成了负面的副作用（外部性），人们就会判断为应该对其进行惩罚。

三、美人投票：G_i［A_b^a］

上文直接利用 Knobe（2003）以及 Utikal 和 Fischbacher（2009）中哲学领域的问题，采用同样的手法实施问卷调查的结果。由于没有任何激励，实验参加者是否认真回答了问题，所取得的数据是否可信，还有待商榷。在本部分中，将使用实验经济学的手法征求参加者的回答，让每个实验参加者不仅思考自己的意见，而且需要推测周围其他人的想法，同时给予金钱上的奖励。

笔者应用凯恩斯的美人投票方式，在 8 个假想案例中，只向回答了中位数的参加者支付额外酬金，从而赋予其金钱驱动，实验结果为 G_i［A_b^a］（$\in \{0, 1, \cdots, n\}$），未能证实诺布效应的存在。如式（2.20）所示，引入酬金系统后，对于问题“今天参加实验的有 n 人，你认为其中有多少人会回答‘我认为 CEO 有意造成了副作用’？”的回答中所有积极案例都比消极案例的占比高。也就是说，与诺布效应相反，把正面的副作用（外部性）视为具有意向性，但不将负面的副作用（外部性）视为具有意向性。其差异如表 2–2 所示，无论在结果确定还是不确定的情况下，分析结果具有统计显著性的占多数。问卷调查的结果（O_i［A_b^a］）和引入酬金系统的结果（G_i［A_b^a］）为何会出现如此大的差异，还有待进一步验证。但目前考虑到的主要原因如下：在问卷调查中，虽然只是单纯地阐述自己的意见，但在回答时却要考虑周围人的想法，预测周围人的行动，采取使自己利益最大化的战略。也就是说，人们可能认为与其自身的考虑相比，他人具有将正面的副作用（外部性）判定为存在意向性的，将负面的副作用（外部性）判定为不存在意向性的倾向。

表 2–2　式（2.20）的 Wilcoxon 验证

	$G[A_-^-]$ vs. $G[A_+^+]$	$G[A_-^?]$ vs. $G[A_+^?]$	$G[B_-^-]$ vs. $G[B_+^+]$	$G[B_-^?]$ vs. $G[B_+^?]$
京都产业大学	0.4496	<0.0001	0.0916	0.0224
苏州大学	0.0103	<0.0001	<0.0001	<0.0001
宁夏大学	0.0049	0.0004	0.0002	0.108

注：利用 Wilcoxon 的编码排序验证，将“两者无差异”作为原假设，将“有差异”作为备择假设进行验证。表内的数值是原假设成立的概率。

四、问卷调查和美人投票：O_i［A_b^a］和 G_i［A_b^a］

从实施的问卷调查（O_i［A_b^a］）和引入酬金系统（G_i［A_b^a］）的结果看，在实施的 8 个假想案例中，如式（2.22）所示，与没有任何奖励的问卷调查的回答（O_i［A_b^a］）相比，在采用酬金系统的所有回答（G_i［A_b^a］）中做出具有意向性回答的占比更高。实际比例如表 2–3 所示。

表 2–3　项目实验结果

单位：%

Cab	A_+^+	A_-^-	$A_+^?$	$A_-^?$	B_+^+	B_-^-	$B_+^?$	$B_-^?$
O［C_b^a］银川	10.9	27.3	5.5	27.3	9.1	38.2	1.8	12.7
G［C_b^a］银川	79.3	73.7	77.3	66.0	77.8	66.8	78.5	75.2
O［C_b^a］苏州	3.4	29.3	1.7	5.2	3.4	56.9	0.0	10.3
G［C_b^a］苏州	78.4	71.5	84.4	74.9	81.7	70.2	82.7	77.2
O［C_b^a］京都	30.4	61.5	11.2	22.4	28.0	63.4	8.1	19.3
G［C_b^a］京都	68.5	67.6	73.8	66.5	71.2	67.8	74.9	70.9
O［C_b^a］平均	14.9	39.4	6.1	18.3	13.5	52.8	3.3	14.1
G［C_b^a］平均	75.4	70.9	78.5	69.2	76.9	68.3	78.7	74.4

五、外部性的不确定性：O_i［A_b^a］和 O_i［$A_b^?$］

即便在存在不确定性的情况下，也存在诺布效应。本节将根据笔者在京都产业大学所进行的 161 人的实验结果进行分析。图 2–5 中的右侧图，当主体事先不清楚会产生什么副作用（外部性）的情况下，采取实际行动改善环境时，参试人员认为该行为是有意改善环境的，其比例为 11.2%，事前不清楚会产生什么样的副作用（外部性）的情况下，采取实际行动导致环境恶化时，22.4% 的人回答招致环境恶化的行为是具有意向性的。也就是说，根据事先是否清楚地知道会产生什么样的副作用（外部性），采取相同的行动即使得到相同的结果，对于意向性判断的结果也会发生变化。图 2–5 中左侧图对 Knobe Story 的意向性判断不仅是对整体的评价，也是对各项要素的评价。如图 2–5 所示，在左侧图和右侧图的案例中，虽然采取了相同的行动，得到了相同的正面结果，但左侧图的意向性评价为 30.4%，右侧图为 11.2%。两个案例中 19.2% 的差异是对知道副作用（外部性）正面的瞬间做出意向性评价的差异。另外，对于负面案例，已经知道结果是负面时，意向性评价占比为 61.5%，而当负面结果出现时评价占比为 39.1%。

在本章中，对于人们的思考，我们主张，在事先确实知道会产生怎样的副作用（外部性）的情况下采取行动，以及在事先不知道会产生怎样的副作用（外部性）的情况下采取行动，将左右参加实验者对意向性的判断。实验结果显示，在问卷调查中确实不知道会产生怎样的副作用（外部性）的情况和确实知道会产生怎样的副作用（外部性）的情况的对比如表 2–4 所示，可以发现，京都产业大学的实验结果均具有统计显著性，而苏州大学和宁夏大学的差异中不具有统计显著性的居多。

表 2–4　式（2.21）的验证

	$O[A_+^?]$ vs. $O[A_+^+]$	$O[B_+^?]$ vs. $O[B_+^+]$	$O[A_-^?]$ vs. $O[A_-^-]$	$O[B_-^?]$ vs. $O[B_-^-]$
京都产业大学	<0.0001	<0.0001	<0.0001	<0.0001
苏州大学	1	0.5	0.0005	<0.0001
宁夏大学	4531	0.2188	1	0.0026

注：利用 Wilcoxon 的编码排序验证，将“两者无差异”作为原假设，将“有差异”作为备择假设进行验证。表内的数值是原假设成立的概率。

但是，根据式（2.20）的表示，也就是说，引入酬金系统的实验结果，在不确定会产生怎样的副作用（外部性）时，实际上与产生积极结果的一方相比，回答者将产生消极结果的情况判断为是有意图的占比较低。如表 2–2 所示，其差异具有显著性。也就是说，与事先明确知道副作用（外部性）结果相同，没有发现诺布效应存在。

六、中日比较

在日本和中国实施了相同实验，结果如表 2–3 和图 2–6 所示，具有相同的倾向。如下文所述，第三章和第四章的实验结果否定了诺布效应的存在，但本章却验证了诺布效应的存在。为何会出现上述差异呢？在第三章和第四章中是向各实验参加者展示金钱收益表并征求其回答，而在本章中为让实验参加者根据故事而征求回答，虽可作为当前的解释，但这是今后需要验证的结果。

表 2-5　三处比较（大企业）的 Opinion

	$O[A^+_+]$		$O[A^-_-]$		$O[A^?_+]$		$O[A^?_-]$	
	χ^2	p 值	χ^2	p 值	χ^2	p 值	χ^2	p 值
京都产业大学 vs. 苏州大学	22.446*	<0.0001	18.043*	<0.0001	6.309*	0.012	10.458*	0.0012
京都产业大学 vs. 宁夏大学	9.324*	0.0023	19.704*	<0.0001	1.71	0.191	0.537	0.4637
苏州大学 vs. 宁夏大学	2.48	0.1153	0.058	0.8101	1.196	0.2741	11.032*	0.0009

注：* 表示在 10% 水平上显著。

表 2-6　三处比较（McDonald）的 Opinion

	$O[B^+_+]$		$O[B^-_-]$		$O[B^?_+]$		$O[B^?_-]$	
	χ^2	p 值	χ^2	p 值	χ^2	p 值	χ^2	p 值
京都产业大学 vs. 苏州大学	19.582*	<0.0001	0.746	3879	8.291*	0.004	2.61	0.1055
京都产业大学 vs. 宁夏大学	9.448*	0.0021	10.547*	0.0012	3.341	0.0676	1.274	0.259
苏州大学 vs. 宁夏大学	1.588	0.2075	3.988*	0.0458	1.45	0.2286	0.157	0.6916

注：* 表示在 10% 水平上显著。

七、探讨

本章为了验证诺布效应的存在，应用了凯恩斯美人投票的方式，征求了每个实验参加者的意见和对周围他人行为的预测。作为实验哲学的手法，各实验参加者只对假想问题的问卷调查作出回答，然而实验经济学并不相信对假想问题的回答。在凯恩斯美人投票中，倘若参加者想要通过参加这个投票赚取奖金，无论是按客观上漂亮的标准进行投票，还是投给自己认为漂亮的人，都是徒劳的。参加者必须要预测出投票者中认为谁是美女的得票平均值。当然，如果其他的投票者也想和自己一样获得奖金，和自己一样拼命地制定投票策略的话，就需要进一步深入把握想要预测平均值的投票者是如何对其他投票者的行为进行预判。股票投资、商品开发等多半也包含凯恩斯美人投票的机制。

本书在单纯阐述自己的意见时能够证实诺布效应的存在，但在考虑周围他人的意见并给予金钱奖励时不能证实诺布效应的存在。另外，依据正负的副作用（外部性）做出的意向性判断的程度，正好和意见的情况相反。为什么会发生颠倒，这个结果是否可信？能够想到的一种解释是，回答者往往在陈述自己的意见时没有认真回答，在受到金钱的激励时做出了认真的回答，即酬金系统发挥了作用。一种解释是，在阐述自己的意见时，虽然参加者判定产生了负面情况的副作用（外部性）的行为是有意向的行为，但在回答时，考虑到周围他人的意见，会发现他人与自己不同，他人会认为正面的副作用（外部性）是具有意向性的，而负面的副作用（外部性）是非意向性的。综上所述，本章主张的观点如图 2–6 所示。

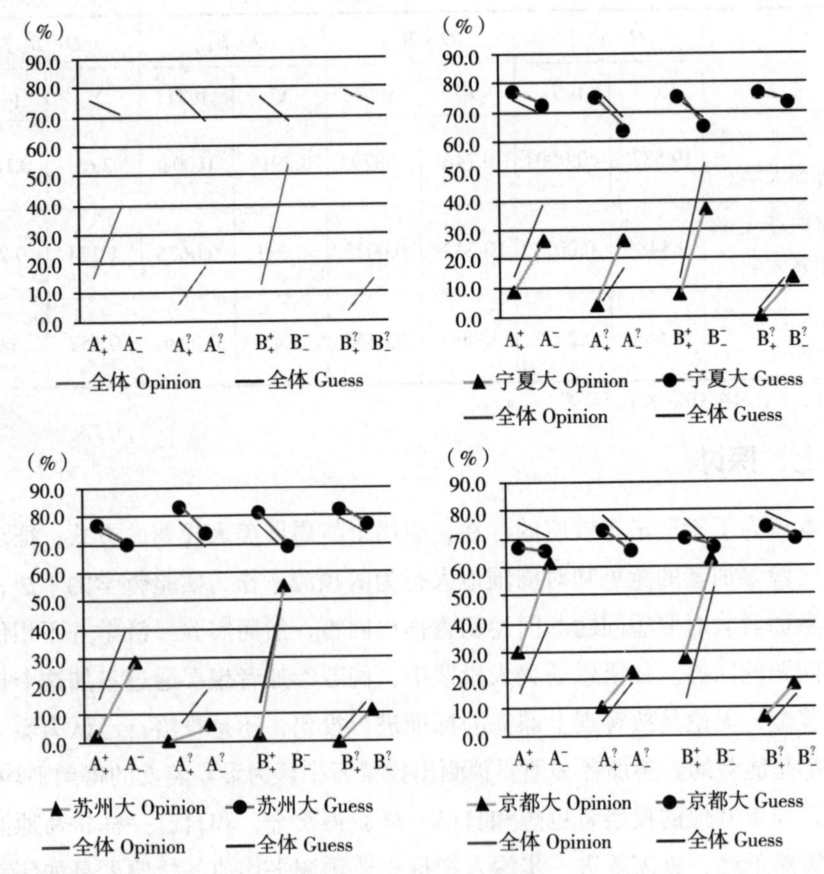

图 2–6 项目实验结果

注：上角标符号代表外部不确定性的 8 种情况，下角标符号代表外部性导致的结果好坏。其中，A 代表大企业，B 代表小企业。

该结果会为现实的社会制度和政策带来怎样的启示呢？例如，政策负责人对因某种经济活动而产生消极副作用（外部性）的企业，判定其行为是具有意向性的，并认为应该对其进行惩罚。但是，当政策负责人推测选民即他人对该事件的评价时，会推测选民并不认为该企业有意造成了副作用（外部性），认为该企业不应该受到惩罚。

一方面，当企业的活动产生积极的副作用（外部性）时，政策负责人反而不认为这一活动具有意向性，认为不应该对其进行奖励和表彰。他们会思考选民可能会认为那是有意进行的活动，并以此为基准考量政策的制定执行。政策制定者通过更正确地利用选民的意向，可以期待在下次选举中获得当选的实际利益。

另一方面，从不会在企业的正面副作用或负面副作用中获得直接利益或损失的意义上说，选民所持有的意向与问卷调查的意向相近。这一实验结果表明，这种推测他人意向的过程可能导致选民的期望与实际政策间有所偏差。即代议制民主主义会制定出不符合选民意愿的政策。所谓导致政府失败的主要原因可通过该结果进行解释。

第五节 结 论

本章是对近年来在哲学领域备受关注的诺布效应进行的验证。通过包括对 Knobe（2003）以及 Utikal 和 Fischbacher（2009）的案例以及笔者原创的案例在内的 8 个假想案例，在日本（京都产业大学）和中国（苏州大学和宁夏大学）进行实验，开展哲学家所经常使用的无金钱激励的问卷调查的同时，也使用实验经济学的手法，给予金钱上的激励，向各个实验参加者征求回答，要求回答者不仅思考自己的意见，并且需要考虑周围他人的意见。

该研究证实了在没有激励的问卷调查中诺布效应的普遍性。与 Knobe 自身的实验相比，一般条件下，在中国和日本的实验中均可以观察到诺布效应的存在，研究表明，当自身认为带来正面的或负面的副作用（外部性）的行为主体不应该受到谴责或赞扬时，会倾向于认为别人的想法与自己保持一致。验证凯恩斯美人投票在本文中应用的正当性将成为今后的研究课题。本次研究中，在推测（Guess）他人行动时引入了凯恩斯美人投票系统，给予了回答者金钱上的激励，但没有对参加者自身的意见（Opinion）支付酬劳。为了将自身的意见（Opinion）和对他人行动的推测（Guess）进行比较，需要引入固定酬金系统进行方法改进后再和本文进行比较。

参考文献

[1] Alison G. How we know our minds: The illusion of first-person knowledge of intentionality [J]. Behavioral and Brain Sciences, 1993, 16 (1): 1-14.

[2] Astington J. W. Developing theories of intention: Social understanding and self-control [M]. Psychology Press, 1999.

[3] Astington J. W. Intentions and intentionality [M]. Cambridge, 2001.

[4] Malle B. F., Moses L. J., Baldwin D. A. Intentions and intentionality: Foundations of social cognition [J]. A Bradford Book, 2003 (1): 265-286.

[5] Baldwin D.A., Baird J.A. Discerning intentions in dynamic human action [J]. Trends in Cognitive Science, 2001 (5): 171-178.

[6] Berndt, T. J., Bernde, E. G. Children's use of motives and intentionality in person perception and moral judgment [J]. Child Development, 1975, 46 (4): 904-912.

[7] Borg J. S., Hynes C., Horn J. V., Grafton S., Sinnott W. Consequences, action, and intention as factors in moral judgments: An fMRI investigation [J]. Journal of Cognitive Neuroscience, 2006, 18 (5): 803-817.

[8] Bratman M. Intention, plans, and practical reason [M]. Cambridge, 1987.

[9] Chiu C. Y., Hong Y. Y. The effects of intentionality and validation on individual and collective responsibility attribution among Hong Kong Chinese [J]. Journal of Psychology: Interdisciplinary and Applied, 1992, 126 (3): 291-300.

[10] Costanzo P. R., Coir J. D., Grumet J. F., Farnill D. A Reexamination of the effects of intent and consequence on children's moral judgments [J].Child Development, 1973 (44): 54-161.

[11] Cushman F. Crime and punishment: Distinguishing the roles of causal and intentional analyses in moral judgment [J]. Cognition, 2008 (108): 353-380.

[12] Cushman F., Mele, A. Intentional action: Two-and-a-half folk concepts? [A] //

J.Knobe and S. Nichols. Editors, xperimental philosophy [M] . New York: Oxford University Press, 2008.

[13] Harman G. Practical Reasoning [J] . The Review of Metaphysics, 1976, 29 (3): 431–463.

[14] Heider F. The psychology of interpersonal relations [M] . New York: Wiley, 1958.

[15] Karniol R. Children's use of intention cues in evaluating behavior [J] . Psychological Bulletin, 1978, 85 (1): 76–85.

[16] Kashima Y., McKintyre A., Clifford P. The Category of the mind: Folk psychology of belief, desire, and intention [J] . Asian Journal of Social Psychology, 1998, 1 (3): 289–313.

[17] Knobe, Joshua. Intentional action in folk psychology: An experimental investigation [J] . Philosophical Psychology, 2003, 16 (2): 309–324.

[18] Knobe, Joshua. Intention, intentional action and moral considerations [J] . Analysis, 2004, 64 (282): 181–187.

[19] Knobe J., Gabriel S. The good, the bad and the blameworthy: Understanding the role of evaluative reasoning in folk psychology [J] . Journal of Theoretical and Philosophical Psychology, 2004, 24 (2): 252–258.

[20] Knobe J., Burra A. The folk concept of intention and intentional action: A cross–cultural study [J] . Journal of Culture and Cognition, 2006 (6): 113–132.

[21] Lagnado D. A., Channon S. Judgments of cause and blame: The effects of intentionality and foreseeability [J] . Cognition, 2008, 108 (3): 113–132.

[22] Leslie A., Knobe J., Cohen A. Acting intentionally and the side–effects effect: Theory of mind an moral judgment [J] . Psychological Science, 2006 (17): 421–427.

[23] Malle B. F., Knobe J. The folk concept of intentionality [J] . Journal of Experimental Social Psychology, 1997 (33): 101–121.

[24] Malle B. F. How Pelope Explain Behavior: A new theoretical framework [J] . Personality and Social Psychology Review, 1999, 3 (1): 23–48.

[25] Malle B. F., Knobe J., O'Laughlin M. J., Pearce G. E., Nelson S. E.

Conceptual structure and social functions of behavior explanations: Beyond personsituation attributions [J] . Journal of Personality and Social Psychology, 2000 (79): 309–326.

[26] Malle B. F. Folk explanations of intentional action [D] . Work Paper, 2001.

[27] Malle B. F. Folk theory of mind: conceptual foundations of human social cognition [A] // R.R. Hassin J. S. Uleman J. A. Bargh (eds). The new unconscious [M] . Oxford: Oxford University Press, 2005.

[28] Malle B. F. Intentionality, morality, and their relationship in human judgment [J] . Journal of Cognition and Culture, 2006, 6 (1–2): 87–112.

[29] Malle B. F., Knobe J., Nelson S. E. Actor – observer asymmetries in explanations of behavior: New answers to an old question [J] . Journal of Personality and Social Psychology, 2007, 93 (4): 491–514.

[30] Maselli M. D., Altrocchi J. Attribution of intent [J] . Psychological Bulletin, 1969 (77): 445–454.

[31] Neuman P. Some comments on the distinction between intention and intentionality [J] . The Behavior Analyst, 2007 (30): 211–216.

[32] Nichols S., Ulatowski J. Intuitions and individual differences: The Knobe Effect Revisited [J] . Mind and Language, 2007 (22): 346–365.

[33] Ohtsubo Y. Perceived intentionality intensifies blameworthiness of negative behaviors: Blame–praise asymmetry in intensification effect [J] . Japanese Psychological Research, 2007, 49 (2): 100–110.

[34] P. Foot .The Problem of Abortion and the Doctrine of the Double Effect [J] . Virtues and Vices and other Essays in Moral Philosophy, 1978 (19): 7–14.

[35] Pellizzoni S., Siegal M., Surian L. Foreknowledge, caring, and the sideeffect effect in young children [J]. Developmental Psychology, 2009(45): 289–295.

[36] Perugini M., Bagozzi R. P. The distinction between desires and intentions [J]. European Journal of Social Psychology, 2014, 34 (1): 69–84.

[37] Reeder G. D., Vonk R., Ronk M. J., Ham J., Lawrence M. Dispositional attribution: Multiple inferences about motive–related traits [J] . Journal of Personality and Social Psychology, 2004 (86): 530–544.

[38] Shultz T. R., Wright K. Concepts of negligence and intention in the assignment of moral responsibility [J] . Canadian Journal of Behavioral Science, 1985, 17 (2): 97–108.

[39] Utikal, Verena., Urs Fischbacher.On the attribution of externalities [J] . Research Paper Series Thurgau Institute of Economics and Department of Economics at the University of Konstanz, 2009 (1): 7–14.

[40] Urs Fischbacher. Z–Tree: Zurich toolbox for ready–made economic experiments [J] . Experimental Economics, 2007, 10 (2): 171–178.

[41] Wellman H. M., Cross D., Watson J. Meta–analysis of theory–of–mind development: The truth about false belief [J] . Child Development, 2001, 71 (3): 655–684.

[42] Young L., Cushman F., Adolphs R., Tranel D., Hauser M. Does emotion mediate the relationship between an action's moral status and its intentional status? Neuropsychological evidence [J] . Journal of Cognition and Culture, 2006 (6): 291–304.

[43] Young L., Saxe R. The neural basis of belief encoding and integration in moral judgment [J] . NeuroImage, 2008, 40 (4): 1912–1920.

第三章 为明确当事人公平观的实验研究

第一节 前 言

有时候，虽然是少数人的集体行动，但对大部分人产生了影响的情况不在少数。该少数人群如何在他人利益和自己利益之间平衡自己的行为，是一个重要的研究课题。

Knobe（2003）指出，人们倾向于把负面的副作用（外部性）视为具有意向性的，而不将正面的副作用（外部性）视为具有意向性的，在各种各样的哲学实验中，向参试人员展示各类假想的状况，以将其作为公平无私第三方的形式以征求其意见进行验证。本书观察当事人在行动时是否考虑副作用（外部性），以及在未考虑副作用情况下观察他们采取了哪些满足人们效用的行为。为了阐明人们的效用，特别利用了 Levine 型效用函数（1998）以及 Fehr 和 Schmidt 型效用函数（1999）。本书在调查参加实验的人员偏好时，使用实验经济学的方法，向每位参试人员展示 15 个收益表，而不是只让他们陈述自己的意见，为了激励参试人员做出更加认真的判断，还引入了酬金系统，并要求参试人员对周围人的行为进行预测。

本书的实验在日本京都产业大学以及中国的苏州大学和宁夏大学进行，以比较文化、教育等要素不同是否会影响当事人的偏好和选择。实验结果表明，在日本和中国，参试人员作为当事人采取行动时，并无显著的差异，且大致具有相同的倾向。本书研究发现，当参试人员作为当事人进行选择时，虽然大部分参试人员在大多数情况下只重视自身的利益，但也或多或少存在考虑自己的行为会给他人带来影响的外部性（Sideeffect）的倾向。综上所述，本书研究表明可以采用扩展后的 Levine 以及 Fehr 和 Schmide 模型对七成左右的行为进行解释。

最后对与本书研究相关联的先行研究进行简要阐述。本章及下一章，将验证人们在自己的行为给他人带来正面或负面的副作用（外部性）时的决策。在前文的实验中只向参试人员展示了故事，在经济学要求的详细分析方面存在局限性。同时，笔者将借鉴 Urs 和 Fichbacher（2009）理论中，以展示收益表的方式进行实验。

使用展示收益表的方式，可以观察到参试人员在正、负、中立的副作用（外部性）以及当自身的增益的初始分配比他人高、低、同等情况等各种可能的情况下所实施的行动。

关于如何有效地影响自己和他人的收益方面有多种研究。

几乎所有的经济模型都假定人们不太在意社会目标，且存在只追求自己物质利益最大化的利己主义。虽然大部分人也许确实是自私的，但并不能认定全体人员都是如此。迄今为止，已经有很多研究表明，诸多与公正相关的动机会影响很多人的行为。Kahneman、Knetsch 和 Thaler（1986）的实验结果表明，客户对公司短期定价的确定具有很强的影响力。这也许可以解释一些公司不完全利用自身垄断力的原因。也有诸多如 Blinder 和 Choi（1990）、Agell 和 Lundborg（1995）、Bewley（1995）、Campbell 和 Kamlani（1997）实证研究表明，劳动者对合理薪酬结构的意见会影响公司薪酬的设置。上述研究者的研究指出，在经济衰退时期，公司拒绝减薪的主要理由是担心劳动者认为减薪存在不公平的现象则会出现影响工作士气的风险。但基于 Guth 和 Tietz（1990）、Roth（1995）、Camerer 和 Thaler（1995）研究证明，在诸多可控的谈判实验中，参试人员并不只是重视单独的物质报酬。但是，同样有研究指出公正并不是最重要的因素。例如，Smith 和 Williams（1990），Roth，Prasnikar、Okuno-Fujiwara 和 Zamir（1991），Kachelmeier 和 Shehata（1992），Guth、Marchand 和 Rulliere（1997）研究表明，在某个明确同质商品交换的完全契约竞争性实验市场环境中，几乎所有的参试人员都只对自己的具体报酬感兴趣。

主体之间的合作中同样存在与利己性主体的假设相矛盾的证据。实际上，有诸多研究表明，与标准的利己主义模型相比，人们是善于合作的。一个广为人知的案例是，一场多人投票，其内容关于是想要认真缴纳税金，还是投身工会和抗议运动中，即使在金钱上的诱因已经向负面的方向发展，但仍存在坚持不懈工作的团队。Dawes 和 Thaler（1988）以及 Ledyard（1995）通过实验室实验再现了这一过程。Isaac 和 Walker（1988，1991）、Ostrom 和

Walker（1991）、Fehr 和 Gachter（1996）研究发现，虽然用利己主义模型预测了完全背叛，但参试人员在大部分情况下表现出了完全合作。

Fehr 和 Schmidt（1999）提出了不平等回避偏好模型，即人们为了减少社会的不平等而牺牲自己利益的理论。

Rabin（1993）提出了互惠性理论，即从他人的行动中发现此人的意图，如果对方对自己是善意的，自己也会采取善意的行动。

本章是后文从第三方的角度评价行为者的行为的诺布效应验证的前一阶段，用于分析参试人员作为给予副作用（外部性）的行为者将作出怎样的选择。在本章中，特别尝试对 Levine、Fehr 和 Schmidt 的学说所得到的结果进行了解释。下一章将从该实验的展开重新对诺布效应进行验证。

第二节　实　验

本节对实验概要以及 Levine 与 Fehr 和 Schmidt 型效用函数进行说明。

第一，对本研究的实验设计和步骤进行了描述。在实验中，笔者共制作了 15 张收益表，分别设置了实验者 1 比实验者 2 高、平等、低的初始分配状况和实验者 1 的行动对实验者 2 的外部性副作用（Side Effect）为负、零、正的情况，并要求参试人员发表自己的意见（Opinion），同时在导入酬金系统后对于周围他人的行为进行预测（Guess）。

第二，详细叙述在日本和中国实施的实验结果。当受验人员作为当事人行动时，对其行为倾向与副作用（外部性）之间的关联展开了调查。

第三，围绕 Levine 效用理论与本书研究的关联展开探讨，Levine 效用理论认为，人们的效用不仅与自己的所得，而且与他人的所得存在依存关系。

第四，阐述了 Fehr 和 Schmid 型效用函数在本研究中的应用，Fehr 和 Schmid 型效用函数认为，人们的效用与自身所得和他人所得间的差异存在依存关系。

一、实验概要与步骤

实验者 1（以下简称 $P1$）得到收入 X_1，实验者 2（以下简称 $P2$）得到收入 X_2 的经济状况：

$$X=(X_1,\ X_2) \text{ where } 0 \leqslant X_1 \text{ and } 0 \leqslant X_2 \qquad (3.1)$$

以及 $P1$ 得到收入 Y_1，$P2$ 得到收入 Y_2 的经济状况：

$$Y=（Y_1，Y_2）\text{ where } 0\leqslant Y_1=X_1+\mathrm{M} \text{ and } 0\leqslant Y_2=X_2+S \quad (3.2)$$

的两个选项向 $P1$ 展示，$P1$ 选择其中之一。$P2$ 不能参与 $P1$ 的决定，也不能修改其决定的收入分配结果。虽然没有对实验参加者进行说明，但 M 代表 $P1$ 经济活动的主效用，即表示 $P1$ 的收入效用，S 代表 $P1$ 经济活动的副作用（外部性），即表示对 $P2$ 收入的影响。

笔者在实验中的设定 T，即 X_1，X_2，Y_1，Y_2 的组合：$T^{mn}=（X_1^{mn}，X_2^{mn}，Y^{mn}，Y^{mn}）$。主效用 M^{mn} 对所有（m，n）都是通用的，但 Y^{mn} 对每行 n 不同，S_n 对每列不同：

$$\begin{aligned} T^{mn} &= T\left[Y^m, S^n\right] \\ &= \left(Y_1^m-\overline{M}, Y_2^m-S^n, \overline{M}, S^n\right) \end{aligned} \quad (3.3)$$

且 $\overline{M}=1000$；$Y^1=（Y_1^1，Y_2^1）=（6000，3000）$，$Y^2=（Y_1^2，Y_2^2）=（4500，4500）$，$Y^3=（Y_1^3，Y_2^3）=（3000，6000）$；$S^1=-2000$，$S^2=-1000$，$S^3=0$，$S^4=1000$，$S^5=2000$。对于 15 个设定中的每一个，实验参加者都会作为 $P1$，被询问选择 X 和 Y 中的哪一个，如表 3-1 所示。①

用以下 15 个提问 O^{mn} 和问题 G^{mn} 的形式向每个实验参加者提出问题。

提问 O^{mn}：你是实验者 1，是自己和实验者 2 收入分配的最终决定者。假定利益表为 T^{mn}，你是停留在状态 X 还是转移到状态 Y 呢？

问题 G^{mn}：你认为在今天的实验参加者中，有多少人会回答“想停留在状态 X”？

15 个问题的出题顺序是随机的，每个实验参加者都有所不同，但对应的 Opinion 和 Guess 必须同时作答。实验参加者在回答 Opinion 和 Guess 前，会受到实验者的如下提醒：

- 每个“Opinion”都没有正确答案，无论怎么回答，都不会影响你得到的酬金。
- 每个“Guess”都有正确答案，正确作答者可以得到 600 日元（人民币为 20 元）（但如果出现两人及以上的正确作答者时，将按人数均分酬金）。正确作答者不是在与“Guess”对应的“Opinion”中正确回答了

① 记号法的注意事项。本章将 x 的函数 f 记为 $f[x]$ 而不是 $f(x)$，是为了防止混淆 $a(b+c)$ 是 $a\times(b+c)$ 和函数 $a(x)$ 的 $x=b+c$ 之间的值。上标总是对应 T^{mn}，只有与 m 和 n 都无关的数和符号才用下标表示。

表 3-1 实验情景设计

T^{11}		T^{12}		T^{13}		T^{14}		T^{15}	
5000	6000	5000	6000	5000	6000	5000	6000	5000	6000
5000	3000	4000	3000	3000	3000	2000	3000	1000	3000
T^{21}		T^{22}		T^{23}		T^{24}		T^{25}	
3500	4500	3500	4500	3500	4500	3500	4500	3500	4500
6500	4500	5500	4500	4500	4500	3500	4500	2500	4500
T^{31}		T^{32}		T^{33}		T^{34}		T^{35}	
2000	3000	2000	3000	2000	3000	2000	3000	2000	3000
8000	6000	7000	6000	6000	6000	5000	6000	4000	6000

scenario	…	T^{mn}	
Player One's income	…	X_1^{mn}	Y_1^{mn}
Player Two's income	…	X_2^{mn}	Y_2^{mn}
		⋮	⋮
economy	…	X^{mn}	Y^{mn}

"想停留在状态 X^{mn}" 的人数中的人，而是作答时回答了 "Guess" 中答案的中位数答案的人（倘若没有人的回答是中位数时，则将酬金支付给其回答最接近中位数的人）。

- 今天有 N 名参试人员，都是这所大学各个院系的本科生，请将其想象为申请参加经济实验且现在正在实验室的某人。
- 实验者 2 是现在在实验室里的某人，请把状态 X^{mn} 看作是他和你玩完全凭运气的游戏，并获得了 bingo 的结果。

实验组织者需要仔细地告知参试人员如下事项：当问题没有正确答案时，对问题的回答不影响各个实验参加者的酬金，但当问题有正确答案时，只有答对者才能得到酬金；与问题相对应的正确答案不是回答的平均值，而是与问题相对应的回答的中位数；初始状态是偶然的结果，要求参与实验者将其他的 player 视为是该实验室中的某人来对提问及问题的作答，并在告知后要求参试人员进行回答。

笔者在京都产业大学、苏州大学和宁夏大学的 3 个实验场所，分别询问了 56 名、58 名和 56 名实验参加者对 15 张收益表的意见 O^{mn} 和猜测 G^{mn}。连同下文将要叙述的实验，实验在 2 个半小时内结束，向每位参试人员支付的酬金在 3500~5500 日元（人民币为 150~250 元）。

二、实验结果

Opinion 的结果如表 3-2 所示，是向身为实验者 1 的实验参加者展示 15 张收益表，并提出“转移到 Y^{mn} 吗？”的问题后，回答“Yes”的比例。从结果看，15 种模式中在 T^{l1} 以外的情况下，超过 70% 的人选择了“转移到 Y”。T^{l1} 中转移到 Y 的人数较少是因为不想让局势从实验者 1（5000）和实验者 2（5000）的收入平等的状况变成实验者 1（6000）和实验者 2（3000）收入存在差别的不平等局面。

从横向情况看，“外部性（副作用）”从 -2000 的地方“转移到 Y”的占比明显更低，但“外部性（副作用）+2000”的情况其占比也不高。也就是说，人们并不是在副作用（外部性）为负时，就不会移动，而在副作用（外部性）为正时，就会移动。在纵向情况下，第一列实验者 1 的收入高于实验者 2 时，“转移到 Y”的比例大约为 70%；第二列实验者 1 和实验者 2 的收入相同时，“转移到 Y”的比例大约为 90%；当第三列实验者 2 的收入高于实验者 1 时，比例为 90% 左右。

表 3-2　项目实验结果：选择转移到 Y 的比例

单位：%

	外部性（副作用）-2000 时的平均值	外部性（副作用）-1000 时的平均值	外部性（副作用）为 0 时的平均值	外部性（副作用）+1000 时的平均值	外部性（副作用）+2000 时的平均值	合计（均值）
O^{m1} 京都	59	71	88	86	84	78
O^{m2} 京都	84	88	95	91	89	89
O^{m3} 京都	84	96	96	89	88	91
O^{m1} 苏州	62	86	95	100	95	88
O^{m2} 苏州	90	100	98	100	98	97
O^{m3} 苏州	88	100	98	100	90	95
O^{m1} 银川	32	61	82	86	82	69
O^{m2} 银川	71	86	91	89	80	84
O^{m3} 银川	73	84	95	89	82	85
O^{m1} 平均	51	73	88	90	87	78
O^{m2} 平均	82	91	95	93	89	90
O^{m3} 平均	82	93	96	93	86	90

在实验中，不仅向所有的实验参加者询问其自身的意见（Opinion），还要求他们预测（Guess）周围人的行为。结果如表 3–3 所示。T^{11} 以外，有 70% 以上的人回答是“转移到 Y”，从横向的副作用（外部性）情况来看，在“外部性（副作用）0”的情况时占比最高，达 90% 左右，而“外部性（副作用)–”时约为 70%。“外部性（副作用)+”时，变成 90% 左右。纵向情况下，第一列大致为 80%，第二列即平等时为 87%，第三列为 83%，其占比要么差距较小，要么第二列数据略高于第一列。

表 3–3 项目实验结果：“你认为将会有多少人选择转移到 Y 呢？”所对应的中位数

单位：%

	外部性（副作用）–2000 时的平均值	外部性（副作用）–1000 时的平均值	外部性（副作用）为 0 时的平均值	外部性（副作用）+1000 时的平均值	外部性（副作用）+2000 时的平均值	合计（均值）
G^{m1} 京都	66	68	89	93	91	81
G^{m2} 京都	71	71	96	96	93	86
G^{m3} 京都	71	79	96	93	89	86
G^{m1} 苏州	78	84	98	97	95	90
G^{m2} 苏州	86	86	98	100	100	4
G^{m3} 苏州	78	89	99	94	90	90
G^{m1} 银川	61	71	86	82	79	76
G^{m2} 银川	71	80	86	91	82	82
G^{m3} 银川	64	71	86	75	77	75
G^{m1} 平均	68	75	91	91	88	82
G^{m2} 平均	76	79	93	96	92	87
G^{m3} 平均	71	80	94	87	85	83

实验者 1 的 Guess 和 Opinion 的比较左边是纵向情况下的比较，在移动的结果收入平等时，移动的比例最高，即使移动后两边所存在的差异仍然较低。另外，Opinion 的答案明显高于 Guess 的答案。右边是横向“外部性（副作用)”状况的比较，从整体趋势看，在正中间“外部性（副作用）0”时回答“转移到 Y”的比例最高，根据所产生副作用（外部性）的程度（无论是负的

还是正的），回答转移到 Y 的比例有逐渐递减的倾向。而且，存在 Opinion 高于 Guess 的倾向（见图 3-1）。

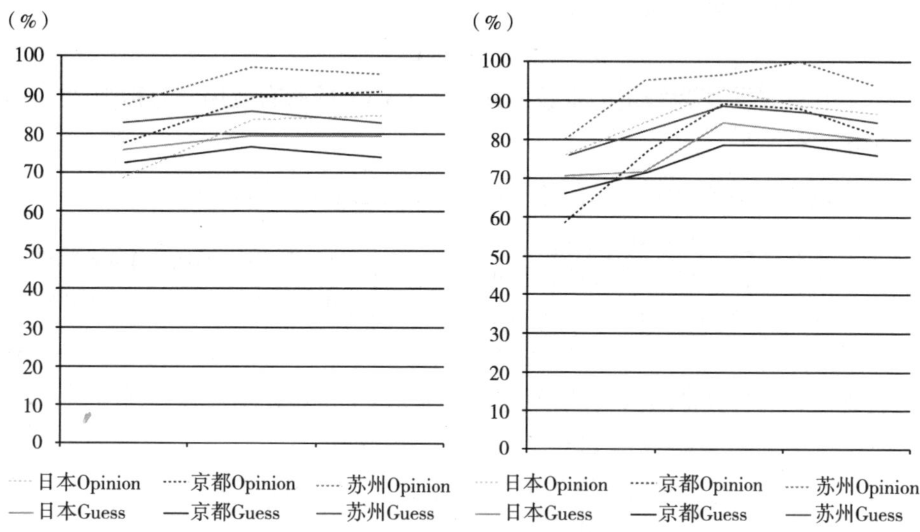

图 3-1　实验者 1 的 Guess 和 Opinion

从实验设计看，在所有事例中均进行了“转移到 Y”的人将获得 1000 日元的收益的设定，因此合理的选择应该是“转移到 Y”。但是，实际实验结果显示，并不是所有实验参加者都采取了这种合理的行动。在改变原本平等的状况，向不平等的方向移动的模式（T^{11}）中，移动率（Opinion）大约为 50%，而预测周围的人将选择转移到 Y 的预测占比为 65%。第二列中 Opinion 和 Guess 的回答表明，大多数人对平等状况的偏好高于对获得 1000 日元收益的偏好。

为了说明人们不合理行为的原因、背后存在怎样的逻辑、人类的行为模式，在后文将引入 Levine 型效用函数与 Fehr 和 Schmidt 型效用函数。

但是，此后只针对 Opinion 进行分析。

三、Levine 型效用函数

假设 $P1$ 在每个 T^{mn} 中均计算自己在 X 中的效用 u 和自己在 Y 中的效用 u，并选择实现较大一方的效用。因此考虑要使用怎样的效用函数呢？

Levine（1998）认为，人们的效用不仅取决于自身的收入，而且与他人的收入存在依存关系。如果把该理论应用到实验中，$P1$ 意识到身为他人的 $P2$ 存在时，$P1$ 的效用 U 用下述公式表示：

$$U=L[Z_1, Z_2]=Z_1+\alpha Z_2 \tag{3.4}$$

其中，Z_1 和 Z_2 分别表示 $P1$ 的收入和 $P2$ 的收入，α 是反映 $P1$ 公平观的常数。Levine（1998）假定：

$$-1<\alpha<1 \tag{3.5}$$

笔者只假设 α 为给定的常数，并将式（3.4）的所有效用函数称为"Levine 型效用函数"。①

将表 3–2 中各设定 T^{mn} 范围中 $P1$ 的选择的矩阵 D 均以下述

$$D=\begin{pmatrix} d^{11} & d^{12} & d^{13} & d^{14} & d^{15} \\ d^{21} & d^{22} & d^{23} & d^{24} & d^{25} \\ d^{31} & d^{32} & d^{33} & d^{34} & d^{35} \end{pmatrix} \quad \text{where} \quad d^{mn}\begin{cases} =1 & \text{if } P1 \text{ chooses } X \text{ for } T^{mn} \\ =0 & \text{if } P1 \text{ chooses } Y \text{ for } T^{mn} \end{cases} \tag{3.6}$$

进行确定，并将其命名为"选择矩阵"。如果 $P1$ 按照式（3.4）计算 u 和 v，

$$\begin{aligned} v-u &= L[X_1+M, X_2+S]-L[X_1, X_2] \\ &= X_1+M+\alpha(X_2+S)-(X_1+\alpha X_2) \\ &= M+\alpha S \end{aligned} \tag{3.7}$$

那么，结果如下所示：

$$d^{mn}\begin{cases} =0 & \text{if } 0<1000+\alpha S_n \\ =1 & \text{if } 1000+\alpha S_n<0 \end{cases} \tag{3.8}$$

对所有（m，n）以及满足 $M^{mn}+\alpha S^{mn}\neq 0$ 的 α 值来说，式（3.8）一定能够使式（3.4）最大化地选择矩阵 $L[\alpha]$：

$$L[\alpha]=\begin{pmatrix} \boldsymbol{l}[\alpha] \\ \boldsymbol{l}[\alpha] \\ \boldsymbol{l}[\alpha] \end{pmatrix} \quad \text{where} \quad \boldsymbol{l}[\alpha]\begin{cases} =\boldsymbol{c}_1=[00011] & \text{if } -1<\alpha \\ =\boldsymbol{c}_2=[00001] & \text{if } -1<\alpha<-0.5 \\ =\boldsymbol{c}_3=[00000]=\boldsymbol{o} & \text{if } -0.5<\alpha<0.5 \\ =\boldsymbol{c}_4=[10000] & \text{if } 0.5<\alpha<1 \\ =\boldsymbol{c}_5=[11000] & \text{if } 1<\alpha \end{cases} \tag{3.9}$$

或者使用下列今后将频繁使用的选择矩阵进行表示：

$$C_{ijk}=\begin{pmatrix} \boldsymbol{c}_i \\ \boldsymbol{c}_j \\ \boldsymbol{c}_k \end{pmatrix} \tag{3.10}$$

从而得出如下矩阵：

① levine（1998）不仅对式（3.5）进行假设，而是从更为基础的假设中将其导出。基础假设不涉及 P1 的决策，但在 P1 决策后，与对 P1 及 P2 的收入进行再分配的公平的第三方 P3 的决策相互关联。

$$L[\alpha]\begin{cases} = C_{111} & \text{if } -1<\alpha \\ = C_{222} & \text{if } -1<\alpha<-0.5 \\ = C_{333}=O & \text{if } -0.5<\alpha<0.5 \\ = C_{444} & \text{if } 0.5<\alpha<1 \\ = C_{555} & \text{if } 1<\alpha \end{cases} \tag{3.11}$$

式（3.8）确定了矩阵 $L[\alpha]$ 的（m，n）元素，其右边不包含 m，因此 $L[\alpha]$ 的各行向量彼此相等是理所当然的。[①]

但是，当 $\alpha \in \{-1, -0.5, 0.5, 1\}$ 时，使 $M^{mn}+\alpha S^{mn}=0$ 的（m，n）和使 $P1$ 效用 U 最大化的 D 并不唯一确定。例如当 $\alpha=0.5$ 时，$M^{m1}+\alpha S^{m1}=0<M^{mn}+\alpha S^{mn}$（$2\leqslant n\leqslant 5$），因此

$$\begin{aligned}\mathfrak{L}[0.5] &= \left\{ \begin{pmatrix} d^{11}, & 0, & 0, & 0, & 0 \\ d^{21}, & 0, & 0, & 0, & 0 \\ d^{31}, & 0, & 0, & 0, & 0 \end{pmatrix} \middle| \begin{matrix} d^{11}\in\{0,1\} \\ d^{21}\in\{0,1\} \\ d^{31}\in\{0,1\} \end{matrix} \right\} \\ &= \left\{ C_{112},\ C_{121},\ C_{122},\ C_{211},\ C_{212},\ C_{221} \right\}\end{aligned} \tag{3.12}$$

8个元素中的任一个都可以使 U 最大化。如果以同样的方式定义 $L[-1]$，$L[-0.5]$，$L[1]$，实现 levine 型效用函数最大化的选择矩阵的集合 $\mathfrak{L}^{\star\star}$ 如下所示：

$$\begin{aligned}\mathfrak{L}^{\star\star} &= \mathfrak{L}^{\star}\cup\mathfrak{L}[-1]\cup\mathfrak{L}[-0.5]\cup\mathfrak{L}[0.5]\cup\mathfrak{L}[1] \\ &= \mathfrak{L}^{\star}\cup\left\{ \begin{matrix} C_{112}, & C_{121}, & C_{122}, & C_{211}, & C_{212}, & C_{221}, \\ C_{223}, & C_{232}, & C_{233}, & C_{322}, & C_{323}, & C_{332}, \\ C_{334}, & C_{343}, & C_{344}, & C_{433}, & C_{434}, & C_{443}, \\ C_{445}, & C_{454}, & C_{455}, & C_{544}, & C_{545}, & C_{554} \end{matrix} \right\}\end{aligned} \tag{3.13}$$

但是，$\mathfrak{L}^{\star}$ 是实现 Levine 型效用函数最大化的选择矩阵中唯一确定的矩阵集合：

$$\mathfrak{L}^{\star} = \left\{ L[\alpha]\,|\,\alpha\notin\{-1,-0.5,0.5,1\} \right\} = \left\{ C_{111},\ C_{222},\ O,\ C_{444},\ C_{555} \right\} \tag{3.14}$$

如果实验参加者全员都使用 levine 型效用函数，那么如果他们所使用的

---

① 在本章中，使用［$b1$，$b2$，$b3$，$b4$，$b5$］表示所有要素都是 0 或 1 的向量（$b1$，$b2$，$b3$，$b4$，$b5$）。例如，$c4=$（1，1，0，0，0）=［11000］。为了慎重起见，研究中将 C 的矩阵元素具体表示如下：

$$C_{111}=\begin{pmatrix}0,0,0,1,1\\0,0,0,1,1\\0,0,0,1,1\end{pmatrix},\quad C_{222}=\begin{pmatrix}0,0,0,0,1\\0,0,0,0,1\\0,0,0,0,1\end{pmatrix},\quad O=\begin{pmatrix}0,0,0,0,0\\0,0,0,0,0\\0,0,0,0,0\end{pmatrix},$$

$$C_{444}=\begin{pmatrix}1,0,0,0,0\\1,0,0,0,0\\1,0,0,0,0\end{pmatrix},\quad C_{555}=\begin{pmatrix}1,1,0,0,0\\1,1,0,0,0\\1,1,0,0,0\end{pmatrix}$$

α 值服从适当的连续概率分布，观察到选择矩阵 $\mathfrak{L}^{\star} \cup \mathfrak{L}^{\star\star}$的概率为 0，也就是连续变量 α 落在 ±0.5 或 ±1 的概率上。但笔者“姑且”承认可能存在具有 α 值的 Levine 型效用函数的实验参加者。①

特别是 α 满足式（3.5）时的 Levine 型效用函数被称为“更为经济的 Levine 型效用函数”。这是符合经济逻辑的实现 Levine 型效用函数最大化的唯一确定的选择矩阵集 $\mathfrak{C}^{\star}$，及符合经济逻辑的实现 Levine 型效用函数最大化的选择矩阵的集合 $\mathfrak{L}^{\star\star}$

$$\mathfrak{L}^{\star} = \mathfrak{L}^{\star} \cap \left\{ C_{ijk} \,\middle|\, \begin{array}{l} 2 \leqslant i \leqslant 4 \\ 2 \leqslant j \leqslant 4 \\ 2 \leqslant k \leqslant 4 \end{array} \right\} = \left\{ C_{222},\quad O,\quad C_{444} \right\} \tag{3.15}$$

$$\mathfrak{L}^{\star\star} = \mathfrak{L}^{\star\star} \cap \left\{ C_{ijk} \,\middle|\, \begin{array}{l} 2 \leqslant i \leqslant 4 \\ 2 \leqslant j \leqslant 4 \\ 2 \leqslant k \leqslant 4 \end{array} \right\} = \mathfrak{L}^{\star} \cup \left\{ \begin{array}{lll} C_{223}, & C_{232}, & C_{233}, \\ C_{322}, & C_{323}, & C_{332}, \\ C_{334}, & C_{343}, & C_{344}, \\ C_{433}, & C_{434}, & C_{443} \end{array} \right\} \tag{3.16}$$

表 3-4 表示 $\mathfrak{L}^{\star}$，$\mathfrak{L}^{\star\star}$，$\mathfrak{L}^{\star\star}$，$\mathfrak{L}^{\star\star}$的包含关系。

表 3-4　使 Levine 型效用函数最大化的选择矩阵的集合

符号	内容
$\mathfrak{C}^{\star}$:	使 Levine 型效用函数最大化的选择矩阵中唯一确定的矩阵集合
$\mathfrak{C}^{\star\star}$:	使 Levine 型效用函数最大化的选择矩阵集合
$\mathfrak{C}^{\star}$:	符合经济逻辑的实现 Levine 型效用函数最大化的选择矩阵中唯一确定的矩阵集合
$\mathfrak{C}^{\star\star}$:	符合经济逻辑的实现 Levine 型效用函数最大化的选择矩阵集合

最后，展示了选项具有实现 Levine 型效用函数最大化的特征的 3 个命题。满足全部条件是选择能够被视为实现 Levine 型效用函数最大化的充分及必要条件。②

① 通常$\mathfrak{S}$表示对$\mathfrak{S}$的整个 3×5 矩阵的补集。

② 命题 1 和命题 2 的表达稍显复杂，如果按照选择矩阵进行描述，则如下所示：

命题 2. Either $d^{1n} = d^{2n} = d^{3n}$ for all n $(1 \leqslant n \leqslant 5)$; or there exists a certain k $(1 \leqslant k \leqslant 5)$ such that $\begin{cases} d^{ik} \neq d^{jk} \text{ for certain } i \text{ and } j \ (1 \leqslant i < j \leqslant 3) \\ d^{1n} = d^{2n} = d^{3n} \text{ for all } n \ (1 \leqslant n \leqslant 5 \text{ and } n \neq k) \end{cases}$.

命题 3. If $d^{mn} \neq d^{m,n+1}$, then $d^{mi} = d^{mn}$ and $d^{mj} = d^{m,n+1}$ for all (m, n, i, j) $(1 \leqslant m \leqslant 3, 1 \leqslant n \leqslant 5, 1 \leqslant i \leqslant n-1 \text{ and } n+2 \leqslant j \leqslant 5)$.

然而，当 Levine 型效用函数符合经济逻辑时，命题 1 被强化为命题 1′：“$-M \leqslant S \leqslant M$ 且 $0<M$ 时，符合经济逻辑且以实现 Levine 型效用函数最大化为目标的 $P1$ 会选择 Y。如果按照选择矩阵进行描述，当满足式（3.5）时，$d^{12}=d^{22}=d^{32}=d^{13}=d^{23}=d^{33}=d^{14}=d^{24}=d^{34}=0$。”

命题 1　以实现 Levine 型效用函数最大化为目标的 P1，在 $S=0<M$ 选择 Y。按照上文的选择矩阵 D 可以被视为 $d^{13}=d^{23}=d^{33}=0$。

命题 2　以实现 Levine 型效用函数最大化为目标的 $P1$，具有两个设定，其一是具有相同 M 和 S 组合，其二是具有不同 X_1 和 X_2 组合的，要么做出相同的选择，要么 M 和 S 的组合是使 X 和 Y 对 $P1$ 无差别的唯一组合。

命题 3　以实现 Levine 型效用函数最大化为目标的 P1，即使 M 不变，S 单调地增加或减少，也最多只能改变一次选择。

四、Fehr 和 Schmidt 型效用函数

Levine（1998）认为，人们的效用与自身和他人的收入存在依存关系，而 Fehr 和 Schmidt（1999）认为，人们的效用与自身和他人的收入之间的差异存在依存关系。如果将其理论应用到实验中，那么当 $P1$ 的收入是 Z_1，$P2$ 的收入是 Z_2 时，$P1$ 的效用 U 将能够按照下式进行确定。

$$U = F[Z_1, Z_2]\begin{cases} = Z_1 - A(Z_2 - Z_1) & \text{if } Z_1 < Z_2 \\ = Z_1 - B(Z_1 - Z_2) & \text{if } Z_2 \leqslant Z_1 \end{cases} \tag{3.17}$$

式中，A 和 B 是反映 $P1$ 公平观的常数。Fehr 和 Schmidt（1999）虽然假定

$$0<A\leqslant B<1 \tag{3.18}$$

笔者将式（3.17）的所有效用函数称为“Fehr–Schmidt 型效用函数”，特别是将满足式（3.18）的函数称为“符合经济逻辑的 Fehr–Schmidt 型效用函数”。

使 Fehr–Schmidt 型效用函数最大化的选择矩阵进行表示：

$$F = \begin{pmatrix} f^1 \\ f^2 \\ f^3 \end{pmatrix} = \begin{pmatrix} f^{11} & f^{12} & f^{13} & f^{14} & f^{15} \\ f^{21} & f^{22} & f^{23} & f^{24} & f^{25} \\ f^{31} & f^{32} & f^{33} & f^{34} & f^{35} \end{pmatrix} \tag{3.19}$$

那么

$$\begin{cases} u = X_1 - A(X_2 - X_1) & \text{if } X_1 < X_2 \\ u = X_1 - B(X_1 - X_2) & \text{if } X_2 \leqslant X_1 \\ v = X_1 + M - A(X_2 + S - X_1 - M) & \text{if } X_1 + M < X_2 + S \\ v = X_1 + M - B(X_1 + M - X_2 - S) & \text{if } X_2 + S \leqslant X_1 + M \end{cases} \tag{3.20}$$

因此

$$v-u\begin{cases}=M-A(S-M) & \text{if } X_1<X_2 \text{ and } X_1+M<X_2+S\\ =M-A(S-M)-(A+B)(X_1-X_2) & \text{if } X_2\leqslant X_1 \text{ and } X_1+M<X_2+S\\ =M-B(M-S)+(A+B)(X_2-X_1) & \text{if } X_1<X_2 \text{ and } X_2+S\leqslant X_1+M\\ =M-B(M-S) & \text{if } X_2\leqslant X_1 \text{ and } X_2+S\leqslant X_1+M\end{cases} \tag{3.21}$$

将设定 T^{mn} 范围中的 v–u 的值用 W^{mn} 进行表示后：

$$\begin{aligned}w^{1n}&=M^{1n}-B(M^{1n}-S^{1n})\\&=1000-B(1000-S^{n})\\&=1000\big(1+B(n-4)\big)\end{aligned} \tag{3.22}$$

因此，与 w^{1n} 的正负相对应的 f^{ij}=0 或者 f^{ij}=1 后得到如下公式：

$$\boldsymbol{f}^1\begin{cases}=\boldsymbol{c}_2 & \text{if } B<-1\\ =\boldsymbol{c}_3 & \text{if } -1<B<\frac{1}{3}\\ =\boldsymbol{c}_4 & \text{if } \frac{1}{3}<B<\frac{1}{2}\\ =\boldsymbol{c}_5 & \text{if } \frac{1}{2}<B<1\\ =\boldsymbol{c}_6=[11100] & \text{if } 1<B\end{cases} \tag{3.23}$$

以相同的方式从 w^{3n}=1000（1–A（n–4））得到如下公式：

$$\boldsymbol{f}^3\begin{cases}=\boldsymbol{c}_2 & \text{if } -A<-1\\ =\boldsymbol{c}_3 & \text{if } -1<-A<\frac{1}{3}\\ =\boldsymbol{c}_4 & \text{if } \frac{1}{3}<-A<\frac{1}{2}\\ =\boldsymbol{c}_5 & \text{if } \frac{1}{2}<-A<1\\ =\boldsymbol{c}_6 & \text{if } 1<-A\end{cases} \tag{3.24}$$

然而式（3.23）和式（3.24）对任意的 α 来说，含义都是 f^2=（f^{31}，f^{32}，f^{33}，0，f^{15}）

$$\boldsymbol{f}^2=\begin{cases}=\boldsymbol{c}_3 & \text{if } -1<B \text{ and } -A<\frac{1}{3}\\ =\boldsymbol{c}_4 & \text{if } -1<B \text{ and } \frac{1}{3}<-A<\frac{1}{2}\\ =\boldsymbol{c}_5 & \text{if } -1<B \text{ and } \frac{1}{2}<-A<1\\ =\boldsymbol{c}_6 & \text{if } -1<B \text{ and } 1<-A\\ =\boldsymbol{c}_3+\boldsymbol{c}_2=\boldsymbol{c}_2 & \text{if } B<-1 \text{ and } -A<\frac{1}{3}\\ =\boldsymbol{c}_4+\boldsymbol{c}_2=[10001]=\boldsymbol{c}_9 & \text{if } B<-1 \text{ and } \frac{1}{3}<-A<\frac{1}{2}\\ =\boldsymbol{c}_5+\boldsymbol{c}_2=[11001]=\boldsymbol{c}_8 & \text{if } B<-1 \text{ and } \frac{1}{2}<-A<1\\ =\boldsymbol{c}_6+\boldsymbol{c}_2=[11101]=\boldsymbol{c}_7 & \text{if } B<-1 \text{ and } 1<-A\end{cases} \tag{3.25}$$

通过将选择矩阵 F 的每行（A，B）唯一形成式（3.23）~ 式（3.25），从而定义了所有（A，B）唯一确定的 F=［A，B］。

将 Fehr-Schmidt 型中效用函数最大化的所有 F，包括没有定义 F［A，B］的情况，如表 3-5 所示。但在表中，c_1、c_2、c_3、c_4、c_5 是由式（3.9）定义的，C_{ijk} 定义了包括由式（3.23）和式（3.25）定义的 c_6、c_7、c_8、c_9 在内的式（3.10）。

表 3-5 使 Fehr-Schmidt 型效用函数最大化的选择矩阵

		A												
		…	-1		…	$-\frac{1}{2}$		…	$-\frac{1}{3}$		…	1		…
B	⋮		C_{656}	C_{655}		C_{645}	C_{644}		C_{634}	C_{633}				
		C_{666}	C_{666}	C_{665}	C_{655}	C_{655}	C_{654}	C_{644}	C_{644}	C_{643}	C_{633}	C_{633}	C_{632}	C_{632}
	1	C_{666}	C_{666}	C_{665}	C_{655}	C_{655}	C_{654}	C_{644}	C_{644}	C_{643}	C_{633}	C_{633}	C_{632}	C_{632}
			C_{656}	C_{655}		C_{645}	C_{644}		C_{634}	C_{633}				
			C_{556}	C_{565}		C_{545}	C_{554}		C_{534}	C_{543}				
		C_{566}	C_{566}	C_{555}	C_{555}	C_{555}	C_{544}	C_{544}	C_{544}	C_{533}	C_{533}	C_{533}	C_{532}	C_{532}
	⋮	C_{566}	C_{566}	C_{565}	C_{555}	C_{555}	C_{554}	C_{544}	C_{544}	C_{543}	C_{533}	C_{533}	C_{532}	C_{532}
			C_{556}	C_{555}		C_{545}	C_{544}		C_{534}	C_{533}				
	$\frac{1}{2}$	C_{566}	C_{556}	C_{555}	C_{555}	C_{555}	C_{554}	C_{544}	C_{544}	C_{543}	C_{533}	C_{533}	C_{532}	C_{532}
			C_{566}	C_{565}		C_{545}	C_{544}		C_{534}	C_{533}				
			C_{466}	C_{465}		C_{455}	C_{454}		C_{444}	C_{443}				
		C_{466}	C_{456}	C_{455}	C_{455}	C_{445}	C_{444}	C_{444}	C_{434}	C_{433}	C_{433}	C_{433}	C_{432}	C_{432}
	⋮	C_{466}	C_{456}	C_{455}	C_{455}	C_{445}	C_{444}	C_{444}	C_{434}	C_{433}	C_{433}	C_{433}	C_{432}	C_{432}
			C_{466}	C_{465}		C_{455}	C_{454}		C_{444}	C_{443}				
	$\frac{1}{3}$	C_{466}	C_{466}	C_{465}	C_{455}	C_{455}	C_{454}	C_{444}	C_{444}	C_{443}	C_{433}	C_{433}	C_{432}	C_{432}
			C_{456}	C_{455}		C_{445}	C_{444}		C_{434}	C_{433}				
			C_{366}	C_{365}		C_{355}	C_{354}		C_{344}	C_{343}				
		C_{366}	C_{356}	C_{355}	C_{355}	C_{345}	C_{344}	C_{344}	C_{334}	0	0	0	C_{332}	C_{332}
	⋮	C_{366}	C_{356}	C_{365}	C_{355}	C_{345}	C_{344}	C_{344}	C_{334}	C_{343}	0	0	C_{332}	C_{332}
			C_{366}	C_{355}		C_{355}	C_{354}		C_{344}	0				
	-1	C_{366}	C_{366}	C_{355}	C_{355}	C_{355}	C_{354}	C_{344}	C_{344}	0	0	0	C_{332}	C_{332}
			C_{356}	C_{365}		C_{345}	C_{344}		C_{334}	C_{343}				
			C_{386}	C_{375}		C_{395}	C_{384}		C_{324}	C_{393}				
		C_{376}	C_{376}	C_{385}	C_{385}	C_{385}	C_{394}	C_{394}	C_{394}	C_{323}	C_{323}	C_{323}	C_{322}	C_{322}
		C_{266}	C_{266}	C_{255}	C_{255}	C_{255}	C_{244}	C_{244}	C_{244}	C_{233}	C_{233}	C_{233}	C_{232}	C_{232}
			C_{256}	C_{265}		C_{245}	C_{254}		C_{234}	C_{243}				
			C_{286}	C_{275}		C_{295}	C_{284}		C_{294}	C_{293}				
		C_{276}	C_{276}	C_{285}	C_{285}	C_{285}	C_{294}	C_{294}	C_{224}	C_{223}	C_{223}	C_{223}	C_{222}	C_{222}
	⋮	C_{276}	C_{276}	C_{285}	C_{285}	C_{285}	C_{294}	C_{294}	C_{224}	C_{223}	C_{223}	C_{223}	C_{222}	C_{222}
			C_{286}	C_{275}		C_{295}	C_{284}		C_{294}	C_{293}				

例如，浅灰色、一栏用如下公式表示：

$$F\begin{cases}=F[A,B]=C_{533} & \text{if } -\frac{1}{3}<A<1 \text{ and } \frac{1}{2}<B<1\\ \in\{C_{533},C_{433}\} & \text{if } -\frac{1}{3}<A<1 \text{ and } B=\frac{1}{2}\\ =F[A,B]=C_{433} & \text{if } -\frac{1}{3}<A<1 \text{ and } \frac{1}{3}<B<\frac{1}{2}\\ \in\{C_{433},O\} & \text{if } -\frac{1}{3}<A<1 \text{ and } B=\frac{1}{3}\\ =F[A,B]=O & \text{if } -\frac{1}{3}<A<1 \text{ and } -1<B<\frac{1}{3}\end{cases} \tag{3.26}$$

毫无疑问，只有当对于 A 和 B 的组合中存在唯一的 F 时，即只有在表 3–5 的对应栏所包含的唯一的 F 时，F 将被表示为 $F[A, B]$。表 3–5 之所以含有很多 $F[A, B]$ 中没有表示的 F，是因为对于至少一组（m, n）来说，含义为 =0 的值，分别各有 4 个 A 值和 B 值，当 A 值和 B 值之一或两者都为该值时，存在多个矩阵都可以满足 F。

按照前文定义的 $\mathfrak{L}^{\star}$，$\mathfrak{L}^{\star\star}$，$\mathfrak{F}^{\star}$，$\mathfrak{F}^{\star\star}$相应确定了以下集合。

$$\mathfrak{F}^{\star}=\mathfrak{F}^{\star\star}=\left\{O,\ C_{433},\ C_{533}\right\} \tag{3.27}$$

$$\mathfrak{F}^{\star}=\mathfrak{F}^{\star}\cup\left\{\begin{matrix}C_{222}, & C_{223}, & C_{276}, & C_{285}, & C_{294},\\ C_{332}, & C_{344}, & C_{355}, & C_{366}, & \\ C_{432}, & C_{444}, & C_{455}, & C_{466}, & \\ C_{532}, & C_{544}, & C_{555}, & C_{566}, & \\ C_{632}, & C_{633}, & C_{644}, & C_{655}, & C_{666}\end{matrix}\right\} \tag{3.28}$$

$$\mathfrak{F}^{\star\star}=\mathfrak{F}^{\star}\cup\left\{\begin{matrix}C_{224}, & C_{234}, & C_{243}, & C_{244}, & C_{245}, & C_{254}, & C_{256}, & & \\ C_{265}, & C_{266}, & C_{275}, & C_{284}, & C_{286}, & C_{293}, & C_{295}, & & \\ C_{322}, & C_{323}, & C_{324}, & C_{334}, & C_{343}, & C_{345}, & C_{354}, & C_{356}, & C_{365},\\ C_{375}, & C_{376}, & C_{384}, & C_{385}, & C_{386}, & C_{393}, & C_{394}, & C_{395}, & \\ C_{434}, & C_{443}, & C_{445}, & C_{454}, & C_{456}, & C_{465}, & & & \\ C_{534}, & C_{543}, & C_{545}, & C_{554}, & C_{556}, & C_{565}, & & & \\ C_{634}, & C_{643}, & C_{645}, & C_{654}, & C_{656}, & C_{665} & & & \end{matrix}\right\} \tag{3.29}$$

根据前文各集合的经济意义，分别将符号“C”和“Levine 型效用函数”分别置换为符号“F”和“Fehr–Schmidt 型效用函数”。[①]

Levine（1998）的认为，$D\in D^{\star}$，而 Fehr 和 Schmidt（1999）认为 $D\in$

① 为了慎重起见将 $\mathfrak{F}^{\star}$的矩阵元素具体表示如下：

$$O=\begin{pmatrix}0,0,0,0,0\\0,0,0,0,0\\0,0,0,0,0\end{pmatrix},\quad C_{433}=\begin{pmatrix}1,0,0,0,0\\0,0,0,0,0\\0,0,0,0,0\end{pmatrix},\quad C_{533}=\begin{pmatrix}1,1,0,0,0\\0,0,0,0,0\\0,0,0,0,0\end{pmatrix}.$$

$\mathfrak{F}^{\star}$。然而，$\mathfrak{C}^{\star}$和$\mathfrak{F}^{\star}$两者均属于 O，也就是说，只有所有的 T^{mn} 中选择 Y 的选择矩阵。换言之，表 3–1 设定的 T^{mn} 中至少在一个设定中选择了 X。

将实验参加者完全且排他地分类为：符合经济逻辑地实现 Levine 型效用函数最大化的主体；符合经济逻辑地实现 Fehr 和 Schmidt 型效用函数最大化的主体；无论是 Levine 型效用函数，还是 Fehr 和 Schmidt 型效用函数均没有实现符合经济逻辑的最大化的主体。

最后，展示了选项具有实现 Fehr–Schmidt 型效用函数最大化的特征的命题。选择矩阵 F 打破 C 满足的所有**命题 1**、**命题 2** 和**命题 3**。

命题 4　以实现 Fehr–Schmidt 型效用函数最大化为目标的 P1，当 $0 \leqslant (X_2-X_1)(X_2+S-X_1-M)$ 时，如果 $0<S=M$ 那么必定选择 Y。如果换成表 3–1 的选择矩阵 D，则为 $d^{14}=d^{24}=d^{34}=0$。

该命题表示“除了自己的收入之外，只从与他人的收入差中获得效用的个人，在不改变与他人的收入差距而增加自己的收入时，一定会采用该做法”。但是，“与他人的收入差”表示“从他人的收入减去自己的收入”，绝对值相同但符号不同的收入差将被认为是不同的收入差。命题 1 将实现 Levine 型效用函数最大化的选择描述为“除了自己的收入之外，只从他人的收入中获得效用的个人，在不改变他人的收入而增加自己的收入时，一定会采用该做法”。该命题明确了无论效用函数的参数值是什么都必须选择 Y 的设定，使选择具有使 Fehr–Schmidt 型最大化效用函数特征。[①]

第三节　实验结果

本节使用 Levine 型效用函数与 Fehr 和 Schmidt 型效用函数分析参试人员的行为。

第一，对实验结果的概述和分析方针进行了阐述。

第二，详述使用 Levine 效用函数分析的结果和在本研究中的应用。

第三，用 Fehr 和 Schmidt 型效用函数对参试人员的行为进行说明，同时说明了本书研究实验结果的一般化。

---

① 与命题 1′ 相对应的命题 4′ 中，式（3.21）还隐含了：“符合经济逻辑且以实现 Fehr–Schmidt 型效用函数的最大化为目标的 $P1$，当 $0<S=M$ 时势必选择 Y。”该命题与命题 1 一样独立于 X_1 和 X_2，但在对效用函数的参数施加限制式（3.18）这一点上，比命题 1 和命题 4 受到的限制更大。

第四，同时使用 Levine 效用函数与 Fehr 和 Schmidt 型效用函数对当事人的行为进行说明。

一、实验结果的概述与分析方针

2010 年在京都产业大学实施的实验 A（56 人），2012 年在苏州大学实施的实验 B（58 人），2012 年在宁夏大学实施的实验 C（56 人）。将实验参加者 S_s（$1 \leqslant s \leqslant 170$）在实验中所采取的行动统一表示为选择矩阵 Ds，如表 3–6 所示。从表中计算出下述数据：

- N_0：在全部的 T^{mn} 设定中选择 Y 的实验参加者 S_0 的人数。
- N_1：在至少一种设定中选择 X，可以将该选择看作是为了实现符合经济逻辑的 Levine 型效用函数最大化的实验参加者 S_1 的人数。
- N_2：在至少一种设定中选择 X，可以将该选择视为是为了实现符合经济逻辑的 Fehr–Schmidt 型效用函数最大化的实验参加者 S_2 的人数。
- N_3：在至少一个设定中选择 X，不将该选择视为是为了实现符合经济逻辑 Levine 型效用函数，也不将该选择视为是为了实现符合经济逻辑 Fehr–Schmidt 型效用函数的实验参加者 S_3 的人数。

对于非 S_0 的 113 名实验参加者，S_1 的比例为 6%（N_1=7），S_2 的比例为 25%（N_2=28），S_3 的比例为 69%（N_3=78）。

表 3–6　以实现符合经济逻辑的效用函数最大化为目标的实验参加者的选择矩阵

	D_s	A	B	C	all
$D_s \in \mathfrak{L}^\star \cap F^\star = \{O\}$	O	22	28	7	57
$D_s \in \left\{ D \,\middle|\, \begin{matrix} D \neq O \\ D \in \mathfrak{L}^\star \end{matrix} \right\}$	C_{222}	0	0	0	0
	C_{444}	2	2	3	7
$D_s \in \left\{ D \,\middle|\, \begin{matrix} D \neq O \\ D \in \mathfrak{F}^\star \end{matrix} \right\}$	C_{433}	6	7	2	15
	C_{533}	3	3	7	13
$D_s \in \left\{ D \,\middle|\, \begin{matrix} D \notin \mathfrak{L}^\star \\ D \notin \mathfrak{F}^\star \end{matrix} \right\}$	others	23	18	37	78
	total	56	58	56	170

如果在至少一个设定 T^{mn} 中选择 X 的实验参与者中 69% 的行为原理无法明确，则无法分析实验结果。我们将考察如何对没有被描述为追求实现符合经济逻辑的 Levine 型或 Fehr-Schmidt 型效用函数的最大化 S_3 的选择进行解释。具体来说，笔者在后文中尝试使用三种方法。

（1）Levine 型以及 Fehr-Schmidt 型效用函数的一般化。

（2）将效用函数中包含的参数能够取值的范围进行扩展。

（3）将效用函数中包含的参数视为概率变量。

二、Levine 型效用函数一般化

（一）理论分析

考虑 Levine 型效用函数一般化时，用包含参数 α 的变量 x 的公式 $f\,[x;\alpha]$ 解释一个变量 y 的理论 $y=f\,[x;\alpha]$，归纳时最常用的方法是将 α 从与 x 无关的常数使用到 x 的函数 $g\,[x]$ 中，得到 $y=f\,[x;g\,[x]]$ 后进行考察。对于应该假设怎样的 $g\,[x]$ 方面，并没有通用的规则，但当 x 包含特别重要的变量 x_i 时，将 $g\,[x]$ 设为 x_i 的一次式是最自然的且其一般化效果最为明显。笔者也按照该方针，将一般化的 Levine 型效用函数用式（3.30）进行确定。

$$U = L_{\mathrm{G}}[Z_1, Z_2] = Z_1 + \alpha[Z_1]Z_2 \quad \text{where } \alpha[Z_1] = \bar{\alpha} + \frac{\bar{\Delta}}{500}(Z_1 - 3500) \tag{3.30}$$

此处，之所以将 α 设为只有 Z_1 的函数，是因为判断在决定 $P1$ 效用 U 时 Z_1 比 Z_2 更加重要。这样操作后形成如下公式：

$$\begin{aligned} v^{mn} - u^{mn} &= Y_1^{mn} + \alpha[Y_1^{mn}]Y_2^{mn} - (X_1^{mn} + \alpha[X_1^{mn}]X_2^{mn}) \\ &= M^{mn} + (\alpha[Y_1^{mn}] - \alpha[X_1^{mn}])\,Y_2^{mn} + \alpha[X_1^{mn}]S^{mn} \\ &= 1000 + 2\bar{\Delta}(1500 + 1500m) + \alpha[6500 - 1500m] \times 1000(n-3) \\ &= 1000\left(1 + 3\bar{\Delta}(1+m) + \left(\bar{\alpha} + \frac{\bar{\Delta}}{500}(3000 - 1500m)\right)(n-3)\right) \\ &= 1000\left(1 + (n-3)\bar{\alpha} - 3(mn - 4m - 2n + 5)\bar{\Delta}\right) \end{aligned} \tag{3.31}$$

因此，使一般化的 Levine 型效用函数（3.30）最大化的选择矩阵 L_G 由表 3-7 确定。比如 L_G 的（1，2）元素 l_G^{12} 是 $\bar{\alpha}<1+3\bar{\Delta}$ 时为 0，$1+3<\bar{\Delta}<\bar{\alpha}$ 时为 1。

表 3–7　使一般化的 Levine 型效用函数最大化的选择矩阵的元素

	n=1	n=2	n=3	n=4	n=5
$l_G^{1n}=0$	$\bar{\alpha}<\frac{1}{2}$	$\bar{\alpha}<1+3\bar{\Delta}$	$\bar{\Delta}<-\frac{1}{6}$	$-1-9\bar{\Delta}<\bar{\alpha}$	$-\frac{1}{2}-6\bar{\Delta}<\bar{\alpha}$
$l_G^{1n}=1$	$\frac{1}{2}<\bar{\alpha}$	$1+3\bar{\Delta}<\bar{\alpha}$	$-\frac{1}{6}<\bar{\Delta}$	$\bar{\alpha}<-1-9\bar{\Delta}$	$\bar{\alpha}<-\frac{1}{2}-6\bar{\Delta}$
$l_G^{2n}=0$	$\bar{\alpha}<\frac{1}{2}+\frac{9}{2}\bar{\Delta}$	$\bar{\alpha}<1+9\bar{\Delta}$	$\bar{\Delta}<-\frac{1}{9}$	$-1-9\bar{\Delta}<\bar{\alpha}$	$-\frac{1}{2}-\frac{9}{2}\bar{\Delta}<\bar{\alpha}$
$l_G^{2n}=1$	$\frac{1}{2}+\frac{9}{2}\bar{\Delta}<\bar{\alpha}$	$1+9\bar{\Delta}<\bar{\alpha}$	$-\frac{1}{9}<\bar{\Delta}$	$\bar{\alpha}<-1-9\bar{\Delta}$	$\bar{\alpha}<-\frac{1}{2}-\frac{9}{2}\bar{\Delta}$
$l_G^{3n}=0$	$\bar{\alpha}<\frac{1}{2}+9\bar{\Delta}$	$\bar{\alpha}<1+15\bar{\Delta}$	$\bar{\Delta}<-\frac{1}{12}$	$-1-9\bar{\Delta}<\bar{\alpha}$	$-\frac{1}{2}-3\bar{\Delta}<\bar{\alpha}$
$l_G^{3n}=1$	$\frac{1}{2}+9\bar{\Delta}<\bar{\alpha}$	$1+15\bar{\Delta}<\bar{\alpha}$	$-\frac{1}{12}<\bar{\Delta}$	$\bar{\alpha}<-1-9\bar{\Delta}$	$\bar{\alpha}<-\frac{1}{2}-3\bar{\Delta}$

因此

$$
0<\bar{\Delta}<\frac{1}{12}\rightarrow L_G\begin{cases}
=C_{111} & \text{if } \bar{\alpha}<-1-9\bar{\Delta} \\
\in\left\{C_{ijk}\;\middle|\;\begin{array}{l}1\leqslant i\leqslant 2\\ 1\leqslant j\leqslant 2\\ 1\leqslant k\leqslant 2\end{array}\right\} & \text{if } \bar{\alpha}=-1-9\bar{\Delta} \\
=C_{222} & \text{if } -1-9\bar{\Delta}<\bar{\alpha}<-\frac{1}{2}-6\bar{\Delta} \\
=C_{322} & \text{if } -\frac{1}{2}-6\bar{\Delta}<\bar{\alpha}<-\frac{1}{2}-\frac{9}{2}\bar{\Delta} \\
=C_{332} & \text{if } -\frac{1}{2}-\frac{9}{2}\bar{\Delta}<\bar{\alpha}<-\frac{1}{2}-3\bar{\Delta} \\
=O & \text{if } -\frac{1}{2}-3\bar{\Delta}<\bar{\alpha}<\frac{1}{2} \\
=C_{433} & \text{if } \frac{1}{2}<\bar{\alpha}<\frac{1}{2}+\frac{9}{2}\bar{\Delta} \\
=C_{443} & \text{if } \frac{1}{2}+\frac{9}{2}\bar{\Delta}<\bar{\alpha}<\frac{1}{2}+9\bar{\Delta} \\
=C_{444} & \text{if } \frac{1}{2}+9\bar{\Delta}<\bar{\alpha}<1+3\bar{\Delta} \\
=C_{544} & \text{if } 1+3\bar{\Delta}<\bar{\alpha}<1+9\bar{\Delta} \\
=C_{554} & \text{if } 1+9\bar{\Delta}<\bar{\alpha}<1+15\bar{\Delta} \\
=C_{555} & \text{if } 1+15\bar{\Delta}<\bar{\alpha}
\end{cases}
\tag{3.32}
$$

$$\frac{1}{12}<\bar{\Delta}<\frac{1}{3}\to L_G\begin{cases}=C_{111} & \text{if } \bar{\alpha}<-1-9\bar{\Delta}\\ \in\left\{C_{ijk}\left|\begin{array}{l}1\leqslant i\leqslant 2\\ 1\leqslant j\leqslant 2\\ 1\leqslant k\leqslant 2\end{array}\right.\right\} & \text{if } \bar{\alpha}=-1-9\bar{\Delta}\\ =C_{222} & \text{if } -1-9\bar{\Delta}<\bar{\alpha}<-\frac{1}{2}-6\bar{\Delta}\\ =C_{322} & \text{if } -\frac{1}{2}-6\bar{\Delta}<\bar{\alpha}<-\frac{1}{2}-\frac{9}{2}\bar{\Delta}\\ =C_{332} & \text{if } -\frac{1}{2}-\frac{9}{2}\bar{\Delta}<\bar{\alpha}<-\frac{1}{2}-3\bar{\Delta}\\ =O & \text{if } -\frac{1}{2}-3\bar{\Delta}<\bar{\alpha}<\frac{1}{2}\\ =C_{433} & \text{if } \frac{1}{2}<\bar{\alpha}<\frac{1}{2}+\frac{9}{2}\bar{\Delta}\\ =C_{443} & \text{if } \frac{1}{2}+\frac{9}{2}\bar{\Delta}<\bar{\alpha}<1+3\bar{\Delta}\\ =C_{543} & \text{if } 1+3\bar{\Delta}<\bar{\alpha}<\frac{1}{2}+9\bar{\Delta}\\ =C_{544} & \text{if } \frac{1}{2}+9\bar{\Delta}<\bar{\alpha}<1+9\bar{\Delta}\\ =C_{554} & \text{if } 1+9\bar{\Delta}<\bar{\alpha}<1+15\bar{\Delta}\\ =C_{555} & \text{if } 1+15\bar{\Delta}<\bar{\alpha}\end{cases} \tag{3.33}$$

$$\frac{1}{3}<\bar{\Delta}\to L_G\begin{cases}=C_{111} & \text{if } \bar{\alpha}<-1-9\bar{\Delta}\\ \in\left\{C_{ijk}\left|\begin{array}{l}1\leqslant i\leqslant 2\\ 1\leqslant j\leqslant 2\\ 1\leqslant k\leqslant 2\end{array}\right.\right\} & \text{if } \bar{\alpha}=-1-9\bar{\Delta}\\ =C_{222} & \text{if } -1-9\bar{\Delta}<\bar{\alpha}<-\frac{1}{2}-6\bar{\Delta}\\ =C_{322} & \text{if } -\frac{1}{2}-6\bar{\Delta}<\bar{\alpha}<-\frac{1}{2}-\frac{9}{2}\bar{\Delta}\\ =C_{332} & \text{if } -\frac{1}{2}-\frac{9}{2}\bar{\Delta}<\bar{\alpha}<-\frac{1}{2}-3\bar{\Delta}\\ =O & \text{if } -\frac{1}{2}-3\bar{\Delta}<\bar{\alpha}<\frac{1}{2}\\ =C_{433} & \text{if } \frac{1}{2}<\bar{\alpha}<1+3\bar{\Delta}\\ =C_{533} & \text{if } 1+3\bar{\Delta}<\bar{\alpha}<\frac{1}{2}+\frac{9}{2}\bar{\Delta}\\ =C_{543} & \text{if } \frac{1}{2}+\frac{9}{2}\bar{\Delta}<\bar{\alpha}<\frac{1}{2}+9\bar{\Delta}\\ =C_{544} & \text{if } \frac{1}{2}+9\bar{\Delta}<\bar{\alpha}<1+9\bar{\Delta}\\ =C_{554} & \text{if } 1+9\bar{\Delta}<\bar{\alpha}<1+15\bar{\Delta}\\ =C_{555} & \text{if } 1+15\bar{\Delta}<\bar{\alpha}\end{cases} \tag{3.34}$$

$$
-\frac{1}{30}<\bar{\Delta}<0 \rightarrow L_G \begin{cases}
= C_{111} & \text{if } \bar{\alpha}<-1-9\bar{\Delta} \\
\in \left\{ C_{ijk} \middle| \begin{array}{l} 1\leqslant i\leqslant 2 \\ 1\leqslant j\leqslant 2 \\ 1\leqslant k\leqslant 2 \end{array} \right\} & \text{if } \bar{\alpha}=-1-9\bar{\Delta} \\
= C_{222} & \text{if } -1-9\bar{\Delta}<\bar{\alpha}<-\frac{1}{2}-3\bar{\Delta} \\
= C_{223} & \text{if } -\frac{1}{2}-3\bar{\Delta}<\bar{\alpha}<-\frac{1}{2}-\frac{9}{2}\bar{\Delta} \\
= C_{233} & \text{if } -\frac{1}{2}-\frac{9}{2}\bar{\Delta}<\bar{\alpha}<-\frac{1}{2}-6\bar{\Delta} \\
= O & \text{if } -\frac{1}{2}-6\bar{\Delta}<\bar{\alpha}<\frac{1}{2}+9\bar{\Delta} \\
= C_{334} & \text{if } \frac{1}{2}+9\bar{\Delta}<\bar{\alpha}<\frac{1}{2}+\frac{9}{2}\bar{\Delta} \\
= C_{344} & \text{if } \frac{1}{2}+\frac{9}{2}\bar{\Delta}<\bar{\alpha}<\frac{1}{2} \\
= C_{444} & \text{if } \frac{1}{2}\bar{\Delta}<\bar{\alpha}<1+15\bar{\Delta} \\
= C_{445} & \text{if } \bar{\alpha}<1+15\bar{\Delta}<\bar{\alpha}<\bar{\alpha}<1+9\bar{\Delta} \\
= C_{455} & \text{if } 1+9\bar{\Delta}<\bar{\alpha}<1+3\bar{\Delta} \\
= C_{555} & \text{if } 1+3\bar{\Delta}<\bar{\alpha}
\end{cases} \tag{3.35}
$$

$$
-\frac{1}{21}<\bar{\Delta}<-\frac{1}{30} \rightarrow L_G \begin{cases}
= C_{111} & \text{if } \bar{\alpha}<-1-9\bar{\Delta} \\
\in \left\{ C_{ijk} \middle| \begin{array}{l} 1\leqslant i\leqslant 2 \\ 1\leqslant j\leqslant 2 \\ 1\leqslant k\leqslant 2 \end{array} \right\} & \text{if } \bar{\alpha}=-1-9\bar{\Delta} \\
= C_{222} & \text{if } -1-9\bar{\Delta}<\bar{\alpha}<-\frac{1}{2}-3\bar{\Delta} \\
= C_{223} & \text{if } -\frac{1}{2}-3\bar{\Delta}<\bar{\alpha}<-\frac{1}{2}-\frac{9}{2}\bar{\Delta} \\
= C_{233} & \text{if } -\frac{1}{2}-\frac{9}{2}\bar{\Delta}<\bar{\alpha}<-\frac{1}{2}-6\bar{\Delta} \\
= O & \text{if } -\frac{1}{2}-6\bar{\Delta}<\bar{\alpha}<\frac{1}{2}+9\bar{\Delta} \\
= C_{334} & \text{if } \frac{1}{2}+9\bar{\Delta}<\bar{\alpha}<\frac{1}{2}+\frac{9}{2}\bar{\Delta} \\
= C_{344} & \text{if } \frac{1}{2}+\frac{9}{2}\bar{\Delta}<\bar{\alpha}<\frac{1}{2} \\
= C_{444} & \text{if } \frac{1}{2}\bar{\Delta}<\bar{\alpha}<1+15\bar{\Delta} \\
= C_{445} & \text{if } \bar{\alpha}<1+15\bar{\Delta}<\bar{\alpha}<\bar{\alpha}<1+9\bar{\Delta} \\
= C_{455} & \text{if } 1+9\bar{\Delta}<\bar{\alpha}<1+3\bar{\Delta} \\
= C_{555} & \text{if } 1+3\bar{\Delta}<\bar{\alpha}
\end{cases} \tag{3.36}
$$

$$-\frac{1}{18} < \bar{\Delta} < -\frac{1}{21} \rightarrow L_G \begin{cases} = C_{111} & \text{if } \bar{\alpha} < -1-9\bar{\Delta} \\ \in \left\{ C_{ijk} \;\middle|\; \begin{matrix} 1 \leqslant i \leqslant 2 \\ 1 \leqslant j \leqslant 2 \\ 1 \leqslant k \leqslant 2 \end{matrix} \right\} & \text{if } \bar{\alpha} = -1-9\bar{\Delta} \\ = C_{222} & \text{if } -1-9\bar{\Delta} < \bar{\alpha} < -\frac{1}{2}-3\bar{\Delta} \\ = C_{223} & \text{if } -\frac{1}{2}-3\bar{\Delta} < \bar{\alpha} < -\frac{1}{2}-\frac{9}{2}\bar{\Delta} \\ = C_{233} & \text{if } -\frac{1}{2}-\frac{9}{2}\bar{\Delta} < \bar{\alpha} < -\frac{1}{2}-6\bar{\Delta} \\ = O & \text{if } -\frac{1}{2}-6\bar{\Delta} < \bar{\alpha} < \frac{1}{2}+9\bar{\Delta} \\ = C_{334} & \text{if } \frac{1}{2}+9\bar{\Delta} < \bar{\alpha} < \frac{1}{2}+\frac{9}{2}\bar{\Delta} \\ = C_{344} & \text{if } \frac{1}{2}+\frac{9}{2}\bar{\Delta} < \bar{\alpha} < \frac{1}{2} \\ = C_{444} & \text{if } \frac{1}{2}\bar{\Delta} < \bar{\alpha} < 1+15\bar{\Delta} \\ = C_{445} & \text{if } \bar{\alpha} < 1+15\bar{\Delta} < \bar{\alpha} < \bar{\alpha} < 1+9\bar{\Delta} \\ = C_{455} & \text{if } 1+9\bar{\Delta} < \bar{\alpha} < 1+3\bar{\Delta} \\ = C_{555} & \text{if } 1+3\bar{\Delta} < \bar{\alpha} \end{cases} \tag{3.37}$$

$$-\frac{1}{15} < \bar{\Delta} < -\frac{1}{18} \rightarrow L_G \begin{cases} = C_{111} & \text{if } \bar{\alpha} < -1-9\bar{\Delta} \\ \in \left\{ C_{ijk} \;\middle|\; \begin{matrix} 1 \leqslant i \leqslant 2 \\ 1 \leqslant j \leqslant 2 \\ 1 \leqslant k \leqslant 2 \end{matrix} \right\} & \text{if } \bar{\alpha} = -1-9\bar{\Delta} \\ = C_{222} & \text{if } -1-9\bar{\Delta} < \bar{\alpha} < -\frac{1}{2}-3\bar{\Delta} \\ = C_{223} & \text{if } -\frac{1}{2}-3\bar{\Delta} < \bar{\alpha} < -\frac{1}{2}-\frac{9}{2}\bar{\Delta} \\ = C_{233} & \text{if } -\frac{1}{2}-\frac{9}{2}\bar{\Delta} < \bar{\alpha} < -\frac{1}{2}-6\bar{\Delta} \\ = \mathbf{O} & \text{if } -\frac{1}{2}-6\bar{\Delta} < \bar{\alpha} < \frac{1}{2}+9\bar{\Delta} \\ = C_{334} & \text{if } \frac{1}{2}+9\bar{\Delta} < \bar{\alpha} < \frac{1}{2}+\frac{9}{2}\bar{\Delta} \\ = C_{344} & \text{if } \frac{1}{2}+\frac{9}{2}\bar{\Delta} < \bar{\alpha} < \frac{1}{2} \\ = C_{444} & \text{if } \frac{1}{2}\bar{\Delta} < \bar{\alpha} < 1+15\bar{\Delta} \\ = C_{445} & \text{if } \bar{\alpha} < 1+15\bar{\Delta} < \bar{\alpha} < 1+9\bar{\Delta} \\ = C_{455} & \text{if } 1+9\bar{\Delta} < \bar{\alpha} < 1+3\bar{\Delta} \\ = C_{555} & \text{if } 1+3\bar{\Delta} < \bar{\alpha} \end{cases} \tag{3.38}$$

$$-\frac{1}{12}<\bar{\Delta}<-\frac{1}{15}\rightarrow L_G\begin{cases}=C_{111} & \text{if } \bar{\alpha}<-1-9\bar{\Delta}\\ \in\left\{C_{ijk}\left|\begin{matrix}1\leqslant i\leqslant 2\\1\leqslant j\leqslant 2\\1\leqslant k\leqslant 2\end{matrix}\right.\right\} & \text{if } \bar{\alpha}=-1-9\bar{\Delta}\\ =C_{222} & \text{if } -1-9\bar{\Delta}<\bar{\alpha}<-\frac{1}{2}-3\bar{\Delta}\\ =C_{223} & \text{if } -\frac{1}{2}-3\bar{\Delta}<\bar{\alpha}<-\frac{1}{2}-\frac{9}{2}\bar{\Delta}\\ =C_{233} & \text{if } -\frac{1}{2}-\frac{9}{2}\bar{\Delta}<\bar{\alpha}<-\frac{1}{2}-6\bar{\Delta}\\ =O & \text{if } -\frac{1}{2}-6\bar{\Delta}<\bar{\alpha}<\frac{1}{2}+9\bar{\Delta}\\ =C_{334} & \text{if } \frac{1}{2}+9\bar{\Delta}<\bar{\alpha}<\frac{1}{2}+\frac{9}{2}\bar{\Delta}\\ =C_{344} & \text{if } \frac{1}{2}+\frac{9}{2}\bar{\Delta}<\bar{\alpha}<\frac{1}{2}\\ =C_{444} & \text{if } \frac{1}{2}\bar{\Delta}<\bar{\alpha}<1+15\bar{\Delta}\\ =C_{445} & \text{if } \bar{\alpha}<1+15\bar{\Delta}<\bar{\alpha}<\bar{\alpha}<1+9\bar{\Delta}\\ =C_{455} & \text{if } 1+9\bar{\Delta}<\bar{\alpha}<1+3\bar{\Delta}\\ =C_{555} & \text{if } 1+3\bar{\Delta}<\bar{\alpha}\end{cases}\qquad(3.39)$$

将 Levine 型效用函数所包含的常数 α 一般化为 Y 中 $P1$ 和 $P2$ 的收入差 I 的函数 $\alpha[I]$:

$$\alpha=\alpha[I]\begin{cases}=\alpha^1 & \text{if } I=I^1=-3000\\ =\alpha^2 & \text{if } I=I^2=0\\ =\alpha^3 & \text{if } I=I^3=3000\end{cases}\quad \text{where } I=X_2+S-X_1-M\qquad(3.40)$$

由此确定的效用函数为 $U=L[Z_1, Z_2; \alpha_1, \alpha_2, \alpha_3]=Z_1+\alpha[I]Z_2$

那么 $P1$ 基于 T^{mn} 设定的每行 m 中不同的 α 的值，从式（3.9）的 $c[\alpha]$ 中选出选择矩阵 D 的第 m 行后，形成如下公式：

$$D=M[\alpha^1,\alpha^2,\alpha^3]=\begin{pmatrix}\boldsymbol{l}[\alpha^1]\\ \boldsymbol{l}[\alpha^2]\\ \boldsymbol{l}[\alpha^3]\end{pmatrix}=\begin{pmatrix}\boldsymbol{c}_i\\ \boldsymbol{c}_j\\ \boldsymbol{c}_k\end{pmatrix}=C_{ijk}\quad\text{where}\begin{cases}\boldsymbol{l}_i=\boldsymbol{c}[\alpha^1]\\ \boldsymbol{l}_j=\boldsymbol{c}[\alpha^2]\\ \boldsymbol{l}_k=\boldsymbol{c}[\alpha^3]\end{cases}\qquad(3.41)$$

因此，实现一般化的 levine 型效用函数最大化的选择矩阵的集合 $\mathfrak{C}^{\star\star\star}$以式（3.42）的形式给出。

$$\mathfrak{C}^{\star\star\star}=\left\{C[\alpha^1,\alpha^2,\alpha^3]\right\}=\left\{C_{ijk}\left|\begin{matrix}1\leqslant i\leqslant 5\\1\leqslant j\leqslant 5\\1\leqslant k\leqslant 5\end{matrix}\right.\right\}\qquad(3.42)$$

（二）实验结果的分析

对于表 3-6 中的 D_s，将 Levine 型效用函数进行一般化式（3.40）时会赋予它们最大化的效用函数吗？表 3-8 表示的是 78 个中的 29 个实现一般化 levine 型效用函数最大化的选择矩阵 $D_s \in \mathfrak{C}^{***}$。在表 3-6 中实现 Levine 型效用函数最大化的 D_s 只有 7 个，而实现一般化 Levine 型效用函数最大化的 D_s 相对更多。如果认为表 3-6 中所包含的 7 个 D_s=C_{444}、15 个 D_s=C_{433}、13 个 D_s=C_{533} 也属于 $\mathfrak{C}^{***}$，那么 113 个的 $D_s \neq 0$ 中有 64 个可以实现一般化 Levine 型效用函数最大化。

表 3-8　实现一般化 Levine 型效用函数最大化的选择矩阵

	D_s	A	B	C	all
$\mathfrak{C}^{**}$	C_{232}	1	1	1	3
$\mathfrak{C}^{**}$	C_{233}		2		2
$\mathfrak{C}^{**}$	C_{323}			1	1
$\mathfrak{C}^{**}$	C_{332}		2		2
$\mathfrak{C}^{**}$	C_{343}		1		1
$\mathfrak{C}^{**}$	C_{344}		1		1
	C_{354}			1	1
	C_{432}		1		1
$\mathfrak{C}^{**}$	C_{434}		3	3	6
	C_{435}			1	1
	C_{442}			1	1
$\mathfrak{C}^{**}$	C_{443}		1	2	3
	C_{514}			1	1
	C_{534}		1	2	3
	C_{543}		1		1
$\mathfrak{C}^{**}$	C_{544}	1			1
	others	21	4	24	49
	total	23	18	37	78

虽然有如果承认一般化 Levine 型效用函数，就可以解释 $D_s \neq 0$ 中的一半以上的情形这一深刻印象，但如果 $D_s \in \mathfrak{C}^{***}$过分多样化或者倘若无法实现符合经济逻辑的效用函数最大化，则缺乏经济意义。然而，在实验中观察到的 D_s 中的多数实现了一般化 Levine 型效用函数最大化，符合经济逻辑，而且与原型 Levine 型效用函数仅在限定上有所不同。

首先确认一下符合经济逻辑。如果直接适用原型 levine 型效用函数的符合逻辑条件式（3.5），符合经济逻辑的实现一般化 Levine 型效用函数最大化

的选择矩阵的集合 $\mathfrak{C}^{***}$可以通过式（3.43）进行确定。

$$\mathfrak{C}^{***}=\left\{C[\alpha^1,\alpha^2,\alpha^3]\left|\begin{array}{l}-1<\alpha^1<1\\-1<\alpha^2<1\\-1<\alpha^3<1\end{array}\right.\right\}=\left\{C_{ijk}\left|\begin{array}{l}2\leqslant i\leqslant 4\\2\leqslant j\leqslant 4\\2\leqslant k\leqslant 4\end{array}\right.\right\} \tag{3.43}$$

这样，64 个的 $D_s\in\mathfrak{C}^{***}\cap\{D|D\neq O\}$ 中的 45 个是符合经济逻辑的实现一般化 Levine 型效用函数最大化的选择矩阵。

而且，不满足式（3.43）21 个 D_s 中，除 C_{354}、C_{435}、C_{514} 以外的 18 个为 $1\leqslant\alpha_s^1$ 不符合式（3.5）。也就是说，只有当 $P1$ 的收入大于 $P2$ 时，$P1$ 才会在自己的效用计算中重视 $P2$ 收入的 1 日元，而不是自己收入的 1 日元。同时，这也是多数人为了帮助人们而进行捐赠时的感受吧。虽然并不是所有人都是 $1\leqslant\alpha^1$（虽然实际实验结果支持大多数 S_s 都是 $\alpha^1<1$），但也有人并非如此。符合经济逻辑且实现一般化 Levine 型效用函数最大化的选择矩阵的集合弱化为式（3.44）时，

$$\mathfrak{C}^{***\prime}=\left\{C[\alpha^1,\alpha^2,\alpha^3]\left|\begin{array}{l}-1<\alpha^1\\-1<\alpha^2<1\\-1<\alpha^3<1\end{array}\right.\right\}=\left\{C_{ijk}\left|\begin{array}{l}2\leqslant i\leqslant 5\\2\leqslant j\leqslant 4\\2\leqslant k\leqslant 4\end{array}\right.\right\} \tag{3.44}$$

64 个的 $D_s\in\mathfrak{C}^{***}\cap\{D|D\neq O\}$ 的绝大多数（61 个）是符合经济逻辑且能够实现一般化 Levine 型效用函数最大化。

说明实验结果时，我们已经观察到一般化 Levine 型效用函数的符合逻辑性，接下来对一般化的细节进行讨论。对于实验中观察到的 D_s，其被赋予的意义是实现效用函数的最大化，而可以对 Levine 型效用函数进行一般化的过程中，大多数情况下只要满足限定条件即可。将 Levine 型效用函数一般化式（3.40）允许 $\alpha_s^1\neq\alpha_s^2\neq\alpha_s^3\neq\alpha_s^1$，否则 $D_s\in\mathfrak{C}^{***}\cap\{D|D\neq O\}$ 中只有将 C_{354}、C_{432}、C_{435}、C_{514}、C_{534}、C_{543} 等累计 8 个。其余的 53 个中 c_{i}、c_{j}、c_{k} 中有 2 个彼此相等，因此，α_s^1，α_s^2，α_s^3 中的 2 个可以彼此相等。而且，除了 1 个 C_{442} 和 13 个 C_{533} 外的 39 个中 c_{i}、c_{j}、c_{k} 中 2 个是 ch，1 个是 $c_{\mathrm{h}}\pm1$。因此，在 α_s^1，α_s^2，α_s^3s 中，只有不同的那个可以无限接近其他两个。也就是说，如果承认这是最低限度的 Levine 型效用函数的一般化［见式（3.45）］这 39 个的 D_{s} 各自均能实现效用函数最大化。

$$\min\left|\alpha_s^i-\alpha_s^j\right|=0<\max\left|\alpha_s^i-\alpha_s^j\right|<\delta \tag{3.45}$$

最低限度的 Levine 型效用函数的一般化式（3.45），同时表明其不会破

坏 $\alpha_s^1=\alpha_s^2=\alpha_s^3$ 的一般化。即使经济学家在理论中假设主体具有常数，也并不认为在现实世界中会严格满足它。根据主体的心情和环境的变化，常数在一定幅度上变动是理所当然的。其结果是，实验参加者 S_s 具有常数 $\bar{\alpha}_s$=0.55，本应选择 $D_s=C[0.55]=C_{444}$，但在 $T21$ 中变成了 $\alpha_s=\bar{\alpha}_s-0.1=0.45$，选择原本不应被选择的 Y，观察到的选择矩阵也可为 $D_s=C_{434}$。对于实现最低限度的一般化 Levine 型效用函数最大化的 39 个 D_s，假设 α_s 是概率变量的基础上，

$$\alpha_s = \bar{\alpha}_s + \epsilon \quad \text{where } \epsilon \text{ is a stochastic variable} \tag{3.46}$$

可以看作是实现原型 Levine 型效用函数最大化的 D_s。

实现最低限度一般化 levine 型效用函数最大化的 39 个 D_s，在数学上为均属于 $\mathfrak{C}^{**}$的必然情况。即，也会将其视为实现原型 Levine 型效用函数最大化的选择矩阵 C。但是，这种作为相当于承认 α_s 在测度为 0 的点领域。

从某种程度上已经可以确定的观点上看，要么至少将 39 个 D_s 视为假设 Levine 型效用函数的最低限度一般化式（3.45）时将实现最低限度 Levine 型效用函数最大化，要么将其视为假设 α_s 是概率变量式（3.46）时实现原型 Levine 型效用函数最大化的矩阵。[①]

对上述的观察和分析总结如下：如果认为实现 Levine 型效用函数最大化的选择矩阵仅限于 $D_s \in \mathfrak{D}^{\star}$，那么笔者就实验结果几乎无法进行阐述。但是，经济上合理且受限的 Levine 型效用函数的一般化，系统地说明了在至少一种设定下没有将自己收入最大化的实验参加者中，超过半数参加者的选择。

最后对实验结果的差异的观察。按照 Levine 型效用函数一般化进行的实验结果时，实验 A 的结果几乎无力，实验 B 的结果是强力的，而实验 C 的结

---

①　增加实际的注解和数学方面的注解。

首先，虽然在数学上 α_s=0.5403 的概率和 α_s=0.5 的概率均为零，但后者由人类通过有意选择所选出的盖然性并非为零。在的实验中，α 的点领域为 {-1，-0.5，0.5，1}，可能有实验参加者会有意识地将他人的收入相等额或一半作为自己的（负）收入计算效用。

其次，用最低限度的一般化或概率变量化进行说明并不意味着除此之外没有其他说明方式。诚然，选择矩阵 $D=C_{344}$ 是在最低限度的一般化或概率变量化中也已经说明的实现一般化 Levine 型效用函数最大化的选择矩阵，$D=C_{442}$ 是在最低限度的一般化或概率变量化中也未说明的（$\alpha_s^3<-0.5<0.5<\alpha_s^1=\alpha_s^2$）实现一般化 Levine 型效用函数最大化的选择矩阵。但是，观察到的 $D_s=C_{344}$ 最大化时，实验参加者 S_s 的效用函数参数是 $\alpha_s^1=0.49<0.51=\alpha_s^2=\alpha_s^3$ 还是 $\alpha_s^1=0.01<0.99=\alpha_s^2=\alpha_s^3$ 呢？除非减小设定间的差异进行实验，否则将无从知晓。

在具体一般化 Fehr-Schmidt 型效用函数之前，符合经济逻辑的 Levine 型效用函数和符合经济逻辑的 Fehr-Schmidt 型效用函数都没有最大化的 78 个 D_s。

果位于中间。在不是实现符合经济逻辑的 Levine 型或 Fehr-Schmidt 型效用函数最大化的选择矩阵的 D_s 中，实现一般化 Levine 型效用函数最大化的 D_s 的比例分别是：实验 A 为 $\frac{2}{23}$ =9%，实验 B 为 $\frac{14}{18}$ =78%，实验 C 为 $\frac{13}{37}$ =35%，实验整体为 $\frac{29}{78}$ =37%。

实验中观察到的假设最大化的选择矩阵 D_s 是（原型和一般化）Levine 型效用函数的经济可行性，并认为其在实验间存在差异。假设的效用函数中符合经济逻辑的结果占比是实验 C 中最低。如果以式（3.43）为基准，则实验 A 的占比为 $\frac{9}{13}$ =69%，实验 B 为 $\frac{21}{26}$ =81%，实验 C 为 $\frac{13}{52}$ =52%，实验整体为 $\frac{43}{64}$ = 67%，如果以式（3.44）为基准，则实验 A 为 $\frac{13}{13}$ =100%，实验 B 为 $\frac{26}{26}$ =100%，实验 C 为 $\frac{22}{25}$ =88%，实验整体为 $\frac{61}{64}$ =95%。①

三、Fehr-Schmidt 型效用函数的一般化

（一）预备观察

在将 Fehr-Schmidt 型效用函数具体一般化前，在 78 个 D_s 中（见表 3-6），无论是符合经济逻辑的 Levine 型效用函数，还是符合经济逻辑的 Fehr-Schmidt 型效用函数，均没有实现最大化，因此需要确认，有几个方法可以使得 Fehr-Schmidt 型效用函数最大化。表 3-9 表示 78 个 D_s 中有 21 个 D_s 不符合经济逻辑中（表 3-5 包含 71 种）Fehr-Schmidt 型效用函数最大化的选择矩阵。其中 $D_s \in \mathfrak{F}^{\star\star} \cap \mathfrak{F}^{\star}$ 的 16 个，如果通过前文进行分析，在参数的概率变量化或最低限度的一般化的追加假设下，与其被认定为不符合经济逻辑的 Fehr-Schmidt 型效用函数最大化的选择矩阵，更应该被视为是不符合经济逻辑的 Fehr-Schmidt 型效用函数或最底线都一般化 Fehr-Schmidt 型效用函数最大化的选择矩阵。

① 观察到的假设选择矩阵 D_s 最大化的一般化 Levine 型效用函数从原型 Levine 型效用函数的脱离程度也是实验 C 中最大。通过最低限度的一般化式（3.45）得到假设效用函数的比例是：实验 A 为 $\frac{11}{11}$ =100%，实验 B 为 $\frac{21}{24}$ =88%，实验 C 为 $\frac{16}{22}$ =73%；在整个实验中，有 $\frac{48}{57}$ =84%（min1≤i<j≤3 αi 实验 C 为 $\frac{17}{22}$ = 77%，实验整体为 $\frac{49}{57}$ = 86%）。

表 3-9　不符合经济逻辑的 Fehr-Schmidt 型效用函数最大化的选择矩阵

	D_s	A	B	C	all	condition
$\mathfrak{F}^{\star\star}$	C_{323}			1	1	$-\frac{1}{3}\leqslant A\leqslant 1$，$B$=-1
$\mathfrak{F}^{\star}$	C_{332}		2		2	$1\leqslant A$，$-1\leqslant \mathrm{B}\leqslant\frac{1}{3}$
$\mathfrak{F}^{\star\star}$	C_{343}		1		1	$A=-\frac{1}{3}$，$-1\leqslant \mathrm{B}\leqslant\frac{1}{3}$
$\mathfrak{F}^{\star}$	C_{344}		1		1	$-\frac{1}{2}\leqslant A\leqslant -\frac{1}{3}$，$-1\leqslant \mathrm{B}\leqslant\frac{1}{3}$
$\mathfrak{F}^{\star\star}$	C_{354}			1	1	$A=-\frac{1}{2}$，$-1\leqslant \mathrm{B}\leqslant -\frac{1}{3}$
$\mathfrak{F}^{\star}$	C_{432}		1		1	$1\leqslant A$，$\frac{1}{3}\leqslant \mathrm{B}\leqslant\frac{1}{2}$
$\mathfrak{F}^{\star\star}$	C_{434}		3	3	6	$A=-\frac{1}{3}$，$\frac{1}{3}\leqslant \mathrm{B}\leqslant\frac{1}{2}$
$\mathfrak{F}^{\star\star}$	C_{443}		1	2	3	$A=-\frac{1}{3}$，$\frac{1}{3}\leqslant \mathrm{B}\leqslant\frac{1}{2}$
$\mathfrak{F}^{\star\star}$	C_{534}		1	2	3	$A=-\frac{1}{3}$，$\frac{1}{2}\leqslant \mathrm{B}\leqslant 1$
$\mathfrak{F}^{\star\star}$	C_{543}		1		1	$A=-\frac{1}{3}$，$\frac{1}{2}\leqslant \mathrm{B}\leqslant 1$
$\mathfrak{F}^{\star}$	C_{544}	1			1	$-\frac{1}{2}\leqslant A\leqslant -\frac{1}{3}$，$\frac{1}{2}\leqslant \mathrm{B}\leqslant 1$
	others	22	7	28	57	
	total	23	18	37	78	

表 3-9 中所显示的不符合经济逻辑的 Fehr-Schmidt 型效用函数最大化的 21 个 $\mathrm{D_s}\in\mathfrak{D}^{\star\star}$，从表格定义而言是理所当然的，如将 Levine 型效用函数的符合经济逻辑的条件从式（3.5）放宽为式（3.44）时，将 Fehr-Schmidt 型效用函数的符合经济逻辑条件弱化为式（3.18）时，也会认为这些是符合经济逻辑实现效用函数最大化的选择矩阵。条件式（3.18）是适度地回避不平等，即“自己和他人之间的收入差的绝对值总是越小越好，但在收入差的绝对值为只少 1 日元的情况中，即便自己的收入增加 1 日元，自身效用也不会增加”。打破该假设，并表现出回避强烈不平等的个人，即，认为收入差的绝对值的 1 日

元的缩小比自己收入 1 日元的增加更能感受到价值，如果认为适合设置这样的主体，就从式（3.18）中去掉 $A<1$ 和 $B<1$。然而，也有一些不平等爱好者认为，收入差距越大越好。但是，只有自己的收入大于他人时，才有可能存在不平等爱好，当自己的收入小于他人时，没有人会觉得自己的所得越小越幸福。

也就是说，可以考虑从式（3.18）中去掉 $0<B$，但去掉 $0<A$ 是不现实的。综上所述，将式（3.18）弱化为如下公式：

$$0\leqslant A \quad \text{and} \quad -\infty<B<\infty \tag{3.47}$$

但是，符合逻辑的标准减弱为式（3.47），表 3-9 所包括的 21 个 $D_s\in$ F★★中，C_{332} 和 C_{432} 合计为 3 个以外不符合经济逻辑。这表明，用 Fehr-Schmidt 型效用函数的一般化解释实验参与者的选择是不妥当的。

（二）理论分析

下面进行 Fehr-Schmidt 型效用函数的具体一般化。最自然且简单的一般化是将 A 和 B 作为 $P1$ 的收入 Z_1 的一次函数：$A=\bar{A}+\bar{a}Z_1$ 和 $B=\bar{B}+\bar{b}Z_1$，或者将参数设置为（$\bar{\bar{A}}$，$\bar{\bar{B}}$，$\bar{\bar{a}}$，$\bar{\bar{b}}$），如下式所示：

$$\begin{cases} A=A[Z_1]=\bar{\bar{A}}+\dfrac{1}{1000}\left(\dfrac{1}{3}-2\bar{\bar{a}}\right)(Z_1-3500) \\ \\ B=B[Z_1]=\bar{\bar{B}}+\dfrac{1}{1000}\left(\dfrac{1}{3}-2\bar{\bar{b}}\right)(Z_1-3500) \end{cases} \tag{3.48}$$

将式（3.48）所定的效用函数命名为“一般化 Fehr-Schmidt 型效用函数”，将其最大化的选择矩阵用式（3.49）表示：

$$\mathbf{G}=\begin{pmatrix} \boldsymbol{g}^1 \\ \boldsymbol{g}^2 \\ \boldsymbol{g}^3 \end{pmatrix}=\begin{pmatrix} g^{11} & g^{12} & g^{13} & g^{14} & g^{15} \\ g^{21} & g^{22} & g^{23} & g^{24} & g^{25} \\ g^{31} & g^{32} & g^{33} & g^{34} & g^{35} \end{pmatrix} \tag{3.49}$$

式（3.48）确定的一般化 Fehr-Schmidt 型效用函数，具有效用函数的 $P1$ 在 T^{mn} 设定中选择 X 得到的效用称为 u^{mn}，用 v^{mn} 表示选择 Y 后得到的效用，$w^{mn}=v^{mn}-u^{mn}$ 的正负决定 g^{mn} 为 0 或 1。

首先，由于 $X_1^{2n}+M^{2n}-X_2^{2n}-S^{2n}=0$，均不影响 $A\left[X_1^{2n}+M^{2n}\right]$ 值和 $B\left[X_1^{2n}+M^{2n}\right]$ 值的 $v^{2n}-u^{2n}$。因此，式（3.25）中 $A=A\left[X_2^{mn}\right]=A\left[3500\right]=\bar{\bar{A}}$ 和 $B=A\left[X_2^{mn}\right]=B\left[3500\right]=\bar{\bar{B}}$ 中得到的 f^2 就是 g^2，那么

$$
\boldsymbol{g}^2 \begin{cases} = \boldsymbol{c}_3 = [00000] & \text{if } -1 < \bar{\bar{B}} \text{ and } -\bar{\bar{A}} < \dfrac{1}{3} \\ = \boldsymbol{c}_4 = [10000] & \text{if } -1 < \bar{\bar{B}} \text{ and } \dfrac{1}{3} < -\bar{\bar{A}} < \dfrac{1}{2} \\ = \boldsymbol{c}_5 = [11000] & \text{if } -1 < \bar{\bar{B}} \text{ and } \dfrac{1}{2} < -\bar{\bar{A}} < 1 \\ = \boldsymbol{c}_6 = [11100] & \text{if } -1 < \bar{\bar{B}} \text{ and } 1 < -\bar{\bar{A}} \\ = \boldsymbol{c}_2 = [00001] & \text{if } \bar{\bar{B}} < -1 \text{ and } -\bar{\bar{A}} < \dfrac{1}{3} \\ = \boldsymbol{c}_9 = [10001] & \text{if } \bar{\bar{B}} < -1 \text{ and } \dfrac{1}{3} < -\bar{\bar{A}} < \dfrac{1}{2} \\ = \boldsymbol{c}_8 = [11001] & \text{if } \bar{\bar{B}} < -1 \text{ and } \dfrac{1}{2} < -\bar{\bar{A}} < 1 \\ = \boldsymbol{c}_7 = [11101] & \text{if } \bar{\bar{B}} < -1 \text{ and } 1 < -\bar{\bar{A}} \end{cases} \tag{3.50}
$$

进一步

$$
\begin{aligned} w^{1n} &= X_1^{1n} + M^{1n} - B[X_1^{1n} + M^{1n}](X_1^{1n} + M^{1n} - X_2^{1n} - S^{1n}) - \\ &\quad (X_1^{1n} - B[X_1^{1n}](X_1^{1n} - X_2^{1n})) \\ &= M^{1n} - B[X_1^{1n}](M^{1n} - S^{1n}) - \\ &\quad (B[X_1^{1n} + M^{1n}] - B[X_1^{1n}])(X_1^{1n} + M^{1n} - X_2^{1n} - S^{1n}) \\ &= 1000 - \left(\bar{\bar{B}} + \frac{1}{2} - 3\bar{\bar{b}}\right)(1000 - S^n) - \left(\frac{1}{3} - 2\bar{\bar{b}}\right)(6000 - 3000) \\ &= 1000\left(6\bar{\bar{b}} + \left(\bar{\bar{B}} - 3\bar{\bar{b}} + \frac{1}{2}\right)(n-4)\right) \end{aligned} \tag{3.51}
$$

因此为

$$
\boldsymbol{g}^1 \begin{cases} = \boldsymbol{c}_2 = [00001] & \text{if } 0 < b \text{ and } B < -3b - 0.5 = b_1 \\ = \boldsymbol{c}_3 = [00000] & \text{if } 0 < \bar{\bar{b}} \text{ and } \bar{\bar{b}}_1 < \bar{\bar{B}} < 5\bar{\bar{b}} - 0.5 = \bar{\bar{b}}_2 \\ = \boldsymbol{c}_4 = [10000] & \text{if } 0 < \bar{\bar{b}} \text{ and } \bar{\bar{b}}_2 < \bar{\bar{B}} < 6\bar{\bar{b}} - 0.5 = \bar{\bar{b}}_3 \\ = \boldsymbol{c}_5 = [11000] & \text{if } 0 < \bar{\bar{b}} \text{ and } \bar{\bar{b}}_3 < \bar{\bar{B}} < 9\bar{\bar{b}} - 0.5 = \bar{\bar{b}}_4 \\ = \boldsymbol{c}_6 = [11100] & \text{if } 0 < \bar{\bar{b}} \text{ and } \bar{\bar{b}}_4 < \bar{\bar{B}} \\ = \boldsymbol{c}_1 = [00011] & \text{if } \bar{\bar{b}} < 0 \text{ and } \bar{\bar{B}} < \bar{\bar{b}}_4 \\ = \boldsymbol{c}_{10} = [00111] & \text{if } \bar{\bar{b}} < 0 \text{ and } \bar{\bar{b}}_4 < \bar{\bar{B}} < \bar{\bar{b}}_3 \\ = \boldsymbol{c}_{11} = [01111] & \text{if } \bar{\bar{b}} < 0 \text{ and } \bar{\bar{b}}_3 < \bar{\bar{B}} < \bar{\bar{b}}_2 \\ = \boldsymbol{c}_{12} = [11111] & \text{if } \bar{\bar{b}} < 0 \text{ and } \bar{\bar{b}}_2 < \bar{\bar{B}} < \bar{\bar{b}}_1 \\ = \boldsymbol{c}_{13} = [11110] & \text{if } \bar{\bar{b}} < 0 \text{ and } \bar{\bar{b}}_1 < \bar{\bar{B}} \end{cases} \tag{3.52}
$$

与式（3.51）① 相同。

---

① 式（3.51）将 w^{ln} 确定为 n 的一次函数。因此 w^{ln} 是一条通过点（4，$6000\bar{\bar{b}}$）的倾斜的直线 $\bar{\bar{B}}-3\bar{\bar{b}}+\dfrac{1}{2}$，n $=\bar{n}$（$\bar{n} \in \{1，2，3，4\}$）中根据 $0 < w^{1\bar{n}}$ 或 $w^{1\bar{n}} < 0$ 确定 $d^{1\bar{n}}=0$ 或 $d^{1\bar{n}}=1$。

$$
\begin{aligned}
w^{3n} &= X_1^{1n} + M^{1n} - A[X_1^{3n} + S^{3n}](X_2^{1n} + S^{1n} - X_1^{1n} - M^{1n}) - \\
&\quad \left(X_1^{3n} - A[X_1^{3n}](X_2^{1n} - X_1^{1n})\right) \\
&= 1000\left(6\bar{\bar{a}} + \left(-\bar{\bar{A}} - 3\bar{\bar{a}} + \frac{1}{2}\right)(n-4)\right)
\end{aligned} \quad (3.53)
$$

因此为

$$
\boldsymbol{g}^3 \begin{cases}
= \boldsymbol{c}_2 = [00001] & \text{if } 0 < \bar{\bar{a}} \text{ and } -\bar{\bar{A}} < -3\bar{\bar{a}} - 0.5 = \bar{\bar{a}}_1 \\
= \boldsymbol{c}_3 = [00000] & \text{if } 0 < \bar{\bar{a}} \text{ and } \bar{\bar{a}}_1 < -\bar{\bar{A}} < 5\bar{\bar{a}} - 0.5 = \bar{\bar{a}}_2 \\
= \boldsymbol{c}_4 = [10000] & \text{if } 0 < \bar{\bar{a}} \text{ and } \bar{\bar{a}}_2 < -\bar{\bar{A}} < 6\bar{\bar{a}} - 0.5 = \bar{\bar{a}}_3 \\
= \boldsymbol{c}_5 = [11000] & \text{if } 0 < \bar{\bar{a}} \text{ and } \bar{\bar{a}}_3 < -\bar{\bar{A}} < 9\bar{\bar{a}} - 0.5 = \bar{\bar{a}}_4 \\
= \boldsymbol{c}_6 = [11100] & \text{if } 0 < \bar{\bar{a}} \text{ and } \bar{\bar{a}}_4 < -\bar{\bar{A}} \\
= \boldsymbol{c}_1 = [00011] & \text{if } \bar{\bar{a}} < 0 \text{ and } -\bar{\bar{A}} < \bar{\bar{a}}_4 \\
= \boldsymbol{c}_{10} = [00111] & \text{if } \bar{\bar{a}} < 0 \text{ and } \bar{\bar{a}}_4 < -\bar{\bar{A}} < \bar{\bar{a}}_3 \\
= \boldsymbol{c}_{11} = [01111] & \text{if } \bar{\bar{a}} < 0 \text{ and } \bar{\bar{a}}_3 < -\bar{\bar{A}} < \bar{\bar{a}}_2 \\
= \boldsymbol{c}_{12} = [11111] & \text{if } \bar{\bar{a}} < 0 \text{ and } \bar{\bar{a}}_2 < -\bar{\bar{A}} < \bar{\bar{a}}_1 \\
= \boldsymbol{c}_{13} = [11110] & \text{if } \bar{\bar{a}} < 0 \text{ and } \bar{\bar{a}}_1 < -\bar{\bar{A}}
\end{cases} \quad (3.54)
$$

根据式（3.50）、式（3.52）、式（3.54），（$\bar{\bar{A}}$，$\bar{\bar{B}}$，$\bar{\bar{a}}$，$\bar{\bar{b}}$）唯一确定的 G = G［A，¯B，¯a，¯b］可以将其全部表示出来。然而 $g^1 \in \{c_4, c_5, c_6, c_{13}\} \rightarrow -1 < \bar{\bar{B}}$ 且 $g^3 \in \{c_1, c_2, c_{10}, c_{11}\} \rightarrow \bar{\bar{A}}$

$$
\begin{aligned}
\mathfrak{F}^{\star\star\star} = &\left\{ \begin{pmatrix} \boldsymbol{g}^1 \\ \boldsymbol{g}^2 \\ \boldsymbol{g}^3 \end{pmatrix} \middle| \begin{array}{l} \boldsymbol{g}^1 \in \{\boldsymbol{c}_4, \boldsymbol{c}_5, \boldsymbol{c}_6, \boldsymbol{c}_{13}\} \\ \boldsymbol{g}^2 = \boldsymbol{c}_3 \\ \boldsymbol{g}^3 \in \{\boldsymbol{c}_1, \boldsymbol{c}_2, \boldsymbol{c}_{10}, \boldsymbol{c}_{11}\} \end{array} \right\} \\
\cup &\left\{ \begin{pmatrix} \boldsymbol{g}^1 \\ \boldsymbol{g}^2 \\ \boldsymbol{g}^3 \end{pmatrix} \middle| \begin{array}{l} \boldsymbol{g}^1 \in \{\boldsymbol{c}_4, \boldsymbol{c}_5, \boldsymbol{c}_6, \boldsymbol{c}_{13}\} \\ \boldsymbol{g}^2 \in \{\boldsymbol{c}_3, \boldsymbol{c}_4, \boldsymbol{c}_5, \boldsymbol{c}_6\} \\ \boldsymbol{g}^3 \in \{\boldsymbol{c}_3, \boldsymbol{c}_4, \boldsymbol{c}_5, \boldsymbol{c}_6, \boldsymbol{c}_{12}, \boldsymbol{c}_{13}\} \end{array} \right\} \\
\cup &\left\{ \begin{pmatrix} \boldsymbol{g}^1 \\ \boldsymbol{g}^2 \\ \boldsymbol{g}^3 \end{pmatrix} \middle| \begin{array}{l} \boldsymbol{g}^1 \in \{\boldsymbol{c}_1, \boldsymbol{c}_2, \boldsymbol{c}_3, \boldsymbol{c}_{10}, \boldsymbol{c}_{11}, \boldsymbol{c}_{12}\} \\ \boldsymbol{g}^2 \in \{\boldsymbol{c}_2, \boldsymbol{c}_3\} \\ \boldsymbol{g}^3 \in \{\boldsymbol{c}_1, \boldsymbol{c}_2, \boldsymbol{c}_{10}, \boldsymbol{c}_{11}\} \end{array} \right\} \\
\cup &\left\{ \begin{pmatrix} \boldsymbol{g}^1 \\ \boldsymbol{g}^2 \\ \boldsymbol{g}^3 \end{pmatrix} \middle| \begin{array}{l} \boldsymbol{g}_1 \in \{\boldsymbol{c}_1, \boldsymbol{c}_2, \boldsymbol{c}_3, \boldsymbol{c}_{10}, \boldsymbol{c}_{11}, \boldsymbol{c}_{12}\} \\ \boldsymbol{g}_3 \in \{\boldsymbol{c}_2, \boldsymbol{c}_3, \boldsymbol{c}_4, \boldsymbol{c}_5, \boldsymbol{c}_6, \boldsymbol{c}_7, \boldsymbol{c}_8, \boldsymbol{c}_9\} \\ \boldsymbol{g}_3 \in \{\boldsymbol{c}_3, \boldsymbol{c}_4, \boldsymbol{c}_5, \boldsymbol{c}_6, \boldsymbol{c}_{12}, \boldsymbol{c}_{13}\} \end{array} \right\}
\end{aligned} \quad (3.55)
$$

下面就一般化 Fehr-Schmidt 型效用函数的经济可行性进行考量。要将条件式（3.18）保持在全部 X_1 的水平，除非 $\bar{a}$ 和 $\bar{b}$ 都是零，否则其条件将无法实现。笔者认为，如果表 4-2 中 X_1 的分布的平均值 $X_1 = 3500$ 时 A 和 B 的值满足式（3.18），即

$$0 < \bar{\bar{A}} \leqslant \bar{\bar{B}} < 1 \tag{3.56}$$

那么，就能够承认它是符合经济逻辑的效用函数。与此相对应，当经济逻辑的标准减弱为式（3.47）时，

$$0 < \bar{\bar{A}} \tag{3.57}$$

只将上述公式作为条件。符合经济逻辑的实现一般化 Fehr-Schmidt 型效用函数最大化的选择矩阵集合，如果以式（3.56）作为符合经济逻辑的基准，那么

$$\mathfrak{F}^{\star\star\star\prime} = \mathfrak{F}^{\star\star\star} \cap \left\{ \begin{pmatrix} \boldsymbol{g}^1 \\ \boldsymbol{g}^2 \\ \boldsymbol{g}^3 \end{pmatrix} \middle| \; \boldsymbol{g}^2 = \boldsymbol{c}_3 \right\} \tag{3.58}$$

如果把式（3.57）作为衡量符合经济逻辑的标准，则得出如下公式：

$$\mathfrak{F}^{\star\star\star\prime} = \mathfrak{F}^{\star\star\star} \cap \left\{ \begin{pmatrix} \boldsymbol{g}^1 \\ \boldsymbol{g}^2 \\ \boldsymbol{g}^3 \end{pmatrix} \middle| \; \boldsymbol{g}^2 \in \{\boldsymbol{c}_2, \boldsymbol{c}_3\} \right\} \tag{3.59}$$

四、一般化 Levine 型效用函数与一般化 Fehr-Schmidt 型效用函数的比较

（一）预备考察

在前文中，113 个选择矩阵 $D_s \neq O$ 中，如果将效用函数所包含的参数值限定在符合经济逻辑范围时为 35 个，如果不对参数值进行限定，那么实现 $P1$ 的效用函数最大化的选择矩阵表示为 50 个。尚未被描述的 D_s 将如何解释呢？

一种方法是将 Levine 型效用函数和 Fehr-Schmidt 型效用函数进一步一般化或假设其他的效用函数，增加使效用函数最大化的选择矩阵类型。但是，未说明的 D_s 中无一相同，也没有很多共通性质。这种情况下，使用该方法可记述的选择矩阵的数量有限，必须多次重复该方法。而且，个别未说明的 D_s 背后有诸多难以想象经济上能接受的规则。例如，D_s 中有 5 个行是［00010］，3 个行是［11010］，这是对怎样的偏好所进行的反映呢？如果选择对这些选择的效用函数进行说明将变得非常不自然。如果假设包含很多参数的不自然的效用函数，虽然可以解释在实验中观察到的所有 D_s，但毫无意义。

然而，在未说明的 D_s 中，虽然并非是一般化 Levine 型效用函数或一

般化 Fehr-Schmidt 型效用函数最大化的选择矩阵，但也包含了很多非常接近的 T^{mn}（如后文所述，唯一的 T^{mn} 也有诸多不同）。这些与其说是实验参加者追求与一般化 Levine 型效用函数或一般化 Fehr-Schmidt 型效用函数不同的效用函数最大化，不如说是实验参加者将这些函数作为本来的效用函数，表明在少数 T^{mn} 设定中可能偶发性地做出了不包含原本效用函数的选择。

将式（3.46）中提到的参数的微小概率变动作为例外，笔者使用决定论的规则对实验参加者的选择进行了说明。但在前两段的考察中，是从心情的动摇和设定的顺序等受到的偶然的影响说明实验参加者并非是自由的。如果有一定数量的实验参加者即使参加了两次同样的实验，其做出的选择也可能会有所不同，因此，并不推荐尝试对效用函数进行进一步的一般化做法，而应该通过引入概率因素对未说明的 D_s 进行说明。

本节并不是决定效用函数的参数，而是将实验参加者 S_s 的各设定中的选择 d^{mn} 作为概率变量。也就是说，假定 $P1$ 具有应该最大化的原始效用函数 $U=N[Z_1, Z_2]$，但存在选择非最大化 $U=N[Z_1, Z_2]$ 的正概率。当然，如果无限制地承认偏离 $U=N[Z_1, Z_2]$ 最大化，那么无论观察到怎样的 D_s，都可以认为是应该最大化任意函数的原始效用函数，因此设置以下制约条件。

制约 1：$P1$ 的原始效用函数 $U=N[Z_1, Z_2]$ 为公式化的效用函数。

制约 2：在原始效用函数选择 Y 的 T^{mn} 设定下，$P1$ 可能会选择 X。

制约 3：在原始效用函数选择 X 的 T^{mn} 设定下，$P1$ 绝对不会选择 Y。

这里，我们将制约 2 所表示的现象称为“冲动”。对于冲动的定义是，当原始效用函数 $U=N[Z_1, Z_2]$“要求选择增加自己收入的选项”时，也许是出于嫉妒或顾虑，并未实施该行动。制约 3 表示当 $U=N[Z_1, Z_2]$ 说“不要选择增加自身收入的选项”时必须遵守该限制。按照制约 1，即原始效用函数被定义为只反映对绝对受到他人的收入影响的最低限度考虑的效用函数。

只要实现原始效用函数最大化的选择矩阵的集合中包含 O，任何选择矩阵 D 都将表示为实现原始效用函数 $N[Z_1, Z_2]$ 最大化的选择矩阵 $C_{N[Z_1, Z_2]}$ 和 k（$0 \leq k$）次的冲动 $E_{N[Z_1, Z_2](k)}$ 之和：

$$D = C_{N[Z_1,Z_2]} + E_{N[Z_1,Z_2](k)} \tag{3.60}$$

然而，$E_{N[Z_1,\ Z_2](k)}$ 是以 0 或 1 为元素的 3×5 矩阵，其中的（m，n）元素，当 $C_{N[Z_1,\ Z_2]}$ 的（m，n）元素为 1 时为 0，$E_{N[Z_1,\ Z_2](k)}$ 的（m，n）元素为 0 时，除 k 个外均为 0。

（二）实验结果

本节，在下述的基本假设基础上分析实验结果。

实验参加者 S_s 具有应该最大化的原始效用函数 $N_s[Z_1,\ Z_2]$，但在实验中经历了 k（$0 \leqslant k$）次的冲动，并观察到包含 $E_{Ns[Z_1,\ Z_2](ks)}$ 的选择矩阵 D_s。

具体来说，首先确定可能的原始效用函数的集合 U。于是，实现可能的原始效用函数最大化的选择矩阵的集合 N 将被确定。对于实验中观察到的每个 D_s，求满足 $D_s - E_{Ns[Z_1,\ Z_2](ks)} = C_{Ns[Z_1,\ Z_2]} \in N$ 的最小 k，并认定它是原始效用函数 $N_s[Z_1,\ Z_2]$。当然一旦 U 有所不同，原始效用函数 $N_s[Z_1,\ Z_2]$ 可能会有所不同。

笔者认为：

$$\begin{aligned}\mathfrak{U} = \mathfrak{U}_L &= \{\text{符合经济逻辑的一般化Levine型效用函数}\} \\ &= \left\{D \in \mathfrak{C}^{\star\star\star\prime}\ \text{能够实现一般化Levine型效用函数最大化}\right\}\end{aligned} \quad (3.61)$$

$$\begin{aligned}\mathfrak{U} = \mathfrak{U}_F &= \{\text{符合经济逻辑的一般化Fehr-Schmidt型效用函数}\} \\ &= \left\{D \in \mathfrak{F}^{\star\star\star\prime}\ \text{能够实现一般化Fehr-Schmidt型效用函数最大化}\right\}\end{aligned} \quad (3.62)$$

$$\mathfrak{U} = \mathfrak{U}_{LF} = \mathfrak{U}_L \cup \mathfrak{U}_F \quad (3.63)$$

实验结果显示有三种情况。

表 3-10~ 表 3-12 分别表示式（3.61）~ 式（3.63）时的结果。任何表的总数都是 $D_s \neq O$ 中的 113 名，各表均表示从假定效用函数最大化的选择矩阵中几次的冲动时是否能得到被观察的 D_s。表 3-10 表示观察到的选择矩阵 $D_s \neq O$ 中，符合经济逻辑的实现一般化 Levine 型效用函数最大化的是 64 个；除了 24 个 D_s 有 1 次冲动的 T^{mn} 设定以外，符合经济逻辑的实现一般化 Levine 型效用函数最大化；再去掉 12 个 D_s 有 2 次冲动的 T^{mn} 设定，符合经济逻辑的实现一般化 Levine 型效用函数最大化。表 3-11 表示观察到的 $D_s \neq O$ 选择矩阵中，符合经济逻辑的实现一般化 Fehr-Schmidt 型效用函数最大化的是 70 个，另外除 22 个 D_s 有 1 次冲动的 T^{mn} 设定以外，符合经济逻辑的实现一般化 Fehr-Schmidt 型效用函数最大化；再去掉 15 个 D_s 有 2 次冲动

的 T^{mn} 设定，符合经济逻辑的实现一般化 Fehr-Schmidt 型效用函数最大化。表 3-12 表示，观察到的 D_s /=O 选择矩阵中，7 个和 28 个各自符合经济逻辑的实现 Levine 型效用函数和 Fehr-Schmidt 型效用函数；在这些 D_s 之外的 D_s 中，57 个和 42 个分别符合经济逻辑的实现了一般化 Levine 型效用函数和 Fehr-Schmidt 型效用函数；在这些 D_s 之外的 D_s 中，24 个和 22 个除了有 1 次冲动的 T^{mn} 设定外，分别符合经济逻辑的实现了一般化 Levine 型效用函数和 Fehr-Schmidt 型效用函数最大化……（如果某个 D_s，除去有相同冲动次数的设定，符合经济逻辑的实现了一般化 Levine 型效用函数和 Fehr-Schmidt 型效用函数最大化，那就是将其视为将每个 0.5 都进行了最大化）。

表 3-10　符合经济逻辑的一般化 Levine 型效用函数 + 冲动

D_s	实验 A	实验 B	实验 C	实验整体
$L[\alpha_s](0<\alpha_s<1)$	2	2	3	7
$L[\alpha_s^1, \alpha_s^2, \alpha_s^3](\alpha_s \in \mathfrak{A})$	11	24	22	57
$L[\alpha_s^1, \alpha_s^2, \alpha_s^3]+E_{L[\alpha_s^1, \alpha_s^2, \alpha_s^3](1)}$	14	3	7	24
$L[\alpha_s^1, \alpha_s^2, \alpha_s^3]+E_{L[\alpha_s^1, \alpha_s^2, \alpha_s^3](2)}$	3	1	8	12
$L[\alpha_s^1, \alpha_s^2, \alpha_s^3]+E_{L[\alpha_s^1, \alpha_s^2, \alpha_s^3](3)}$	0	0	3	3
$L[\alpha_s^1, \alpha_s^2, \alpha_s^3]+E_{L[\alpha_s^1, \alpha_s^2, \alpha_s^3](4)}$	1	0	3	4
$L[\alpha_s^1, \alpha_s^2, \alpha_s^3]+E_{L[\alpha_s^1, \alpha_s^2, \alpha_s^3](5)}$	1	0	1	2
$L[\alpha_s^1, \alpha_s^2, \alpha_s^3]+E_{L[\alpha_s^1, \alpha_s^2, \alpha_s^3](6)}$	1	0	1	2
$L[\alpha_s^1, \alpha_s^2, \alpha_s^3]+E_{L[\alpha_s^1, \alpha_s^2, \alpha_s^3](7)}$	1	0	1	2
total	34	30	49	113

表 3-11　符合经济逻辑的一般化 Fehr-Schmidt 型效用函数 + 冲动

D_s	实验 A	实验 B	实验 C	实验整体
$F[\alpha_s]$	9	10	9	28
$G[\alpha_s^1, \alpha_s^2, \alpha_s^3]$	6	18	18	42
$G[\alpha_s^1, \alpha_s^2, \alpha_s^3]+E_{G[\alpha_s^1, \alpha_s^2, \alpha_s^3](1)}$	14	1	7	22
$G[\alpha_s^1, \alpha_s^2, \alpha_s^3]+E_{G[\alpha_s^1, \alpha_s^2, \alpha_s^3](2)}$	3	1	11	15
$G[\alpha_s^1, \alpha_s^2, \alpha_s^3]+E_{G[\alpha_s^1, \alpha_s^2, \alpha_s^3](3)}$	0	0	3	3
$G[\alpha_s^1, \alpha_s^2, \alpha_s^3]+E_{G[\alpha_s^1, \alpha_s^2, \alpha_s^3](4)}$	2	0	0	2
$G[\alpha_s^1, \alpha_s^2, \alpha_s^3]+E_{G[\alpha_s^1, \alpha_s^2, \alpha_s^3](5)}$	0	0	1	1
total	34	30	49	113

表 3-12　符合经济逻辑的效用函数 + 冲动

D_s	实验 A	实验 B	实验 C	实验整体
$L[\alpha_s](0<\alpha_s<1)$	2	2	3	7
$F[\alpha_s]$	9	10	9	28
$L[\alpha_s^1, \alpha_s^2, \alpha_s^3](\alpha_s \in \mathfrak{A})$	11	24	22	57
$G[\alpha_s^1, \alpha_s^2, \alpha_s^3]$	6	18	18	42
$L[\alpha_s^1, \alpha_s^2, \alpha_s^3]+E_{L[\alpha_s^1, \alpha_s^2, \alpha_s^3](1)}$	14	3	7	24
$G[\alpha_s^1, \alpha_s^2, \alpha_s^3]+E_{G[\alpha_s^1, \alpha_s^2, \alpha_s^3](1)}$	14	1	7	22

即使原本的选择矩阵 $C_s^{CNs[Z_1;Z_2]}$ 即便对于 $U=N[Z_1, Z_2]$ 是唯一确定，也不能唯一确定观察到 S_s。

如果冲动矩阵 E_s^{mn} 有某种规律性，那么概率论解释无法成立。换句话说：

制约 4：冲动是由概率引起的。

只有在式（3.60）情况下成立，概率论解释才得以确立。至于是否满足这一要求，将通过调查实验结果设想的 E_s^{mn} 分布进行确认。

实验 B 中“Levine 原型 + 冲动 1 次”具有一定的说服力：$D_s \neq C[\alpha_s]$ 的选择矩阵中（28 个），12 个用 $D_s \neq C[\alpha_s]+E_s^{mn}$ 表示。但是，还不及其中 24 个所说明的 Levine 扩展的说服力。这表明，Levine 原型即使作为原始效用函数使用也是不现实的。

实验 A 的参加者有 56 人，笔者观察了所有人的 D_s。在实验 B 范围内同样无法对 Levine 原型是 $D_s \neq O$ 的大部分内容进行说明：可以看作 $D_s=C[\alpha_s] \neq O$ 是和实验 B 一样的 $D_s=C_{444}$ 中只有 2 个。“Levine 原型 + 冲动 1 次”的说服力与实验 B 的程度相差无几：$D_s \notin \{O, C[\alpha_s]\}$ 的 32 个 D_s 中 10 个用 $D_s=C[\alpha_s]+E_s^{mn}$ 解释。

实验 B 的结果不同的是，Levine 扩展的效果小：$D_s \notin \{O, C[\alpha_s]\}$ 的 32 个 D_s 中，只有 11 个用 $D_s=\mathrm{C}[\alpha_s^1, \alpha_s^2, \alpha_s^3]$ 记录。也就是说，Levine 扩展表现了实验 B 中 Levine 原型无法说明的 D_s 的大部分内容，而实验 B 只描写了其中的 1/3。

为什么 Levine 扩展没有对实验 A 中众多参加者的选择进行说明呢？让我们回想一下符合前文 Levine 原型的三个命题。Levine 扩展打破了命题 2，却维护了命题 1 和命题 3。但是在实验 A 中，有 21 人在至少 1 个 T^{mn} 设定中做出了与命题 1 或命题 3 相反的选择。这些实验参加者的选择矩阵在 Levine 扩展中也没有体现。①

但是，无论理论还是实验结果，都不支持在 Levine 扩展中追加打破命题 1 和命题 3 的规则。首先，命题 1 是 Levine 型效用函数的基本性质，打破这一性质的规则，只要不是非自然的，就意味着 Levine 型效用函数和与之非常不同的效用函数间的折中。但笔者认为，首先应该通过修改 Levine 型效用函数解决该问题。此外，为了允许不满足命题 3 选择的存在，必须修改决定的 d^m。然而，从实验 A 的结果无法归纳出一般的、符合经济逻辑的规则。如 3 例中观察到的 d^m=［10001］的背后，有 |S| 比某值大时，可以想象不选择 Y 的规则。该规则本身是自然的，但适用于这一规则的 d^m 却没有规律。另外，5 例中观察到的 d^m=［00010］和 3 例中观察到的 d^m=［11010］又是经过怎样思考而获得的产物呢？对这些选择进行说明的规则将变得非常不自然。与其这样，还不如认为，由于在几个 T^{mn} 设定中动摇而做出了不包含原始效用函数的选择，所以不仅是他人，就连做出某种选择的本人事后看来，也可能会在整体事件中做出首尾不一致的选择。

基于上述考察，将冲动引入 Levine 扩展中。基本上虽然遵循了 Levine 扩展，但最多可能经历一次冲动 S_s, 其选择矩阵如下：

$$D_s \in \left\{ C[\alpha_s^1, \alpha_s^2, \alpha_s^3],\ C[\alpha_s^1, \alpha_s^2, \alpha_s^3] + E_s^{mn} \right\} \tag{3.64}$$

实验 A 所观察到的 21 个 $D_s \neq C$［α_s^1, α_s^2, α_s^3］中，其中 14 个用 D_s= C［α_s^1, α_s^2, α_s^3］+E_s^{mn} 表达。实验 B 中所观察到的 4 个 $D_s \neq C$［α_s^1, α_s^2, α_s^3］中，其中 3 个用 D_s=C［α_s^1, α_s^2, α_s^3］+E_s^{mn} 记录。综合考虑后，“Levine 扩展 + 冲动 1 次”记述的是用实验 A 和实验 B 的 Levine 原型不能描写的 D_s 的 2/3。

（三）实验结果的分析

实验 A、实验 B 和实验 C 的结果如表 3–13 所示。将实验 C 的结果与其他实验的结果区别开的一个（也许是最为重要的）特征是，在表 3–1 的所有设定中，选择 Y 的参加者明显较少。而实验 C 和其他实验一样具有的特征是对 Levine 原型的说服力低，而对 Levine 扩展的说服力高。

① 违背任一命题的参加者人数的合计（21 名）必然与选择不能用 Levine 扩展表示的参加者的人数一致。因为满足命题 1 和命题 3 是选择用 Levine 扩展表现的充分必要条件。

表 3-13 各理论所解释的选择

理论	选择矩阵 D_s	实验 A	实验 B	实验 C	合计
利己的效用函数	O	22	28	7	57
Levine 原型	$C[\alpha_s]$	2	2	3	7
Levine 扩展	$C[\alpha_s^1, \alpha_s^2, \alpha_s^3]$	11	24	22	57
Levine 扩展 + 冲动 1 次	$C[\alpha_s^1, \alpha_s^2, \alpha_s^3]+E^{mn}$	14	3	7	24
Levine 扩展 + 冲动 2 次	$C[\alpha_s^1, \alpha_s^2, \alpha_s^3]+\sum_{k=1}^{2}E^{m_kn_k}$	3	1	8	12
Levine 扩展 + 冲动 3 次	$C[\alpha_s^1, \alpha_s^2, \alpha_s^3]+\sum_{k=1}^{3}E^{m_kn_k}$			3	3
Levine 扩展 + 冲动 4 次	$C[\alpha_s^1, \alpha_s^2, \alpha_s^3]+\sum_{k=1}^{4}E^{m_kn_k}$	1		3	4
Levine 扩展 + 冲动 5 次	$C[\alpha_s^1, \alpha_s^2, \alpha_s^3]+\sum_{k=1}^{5}E^{m_kn_k}$	1		1	2
Levine 扩展 + 冲动 6 次	$C[\alpha_s^1, \alpha_s^2, \alpha_s^3]+\sum_{k=1}^{6}E^{m_kn_k}$	1		1	2
Levine 扩展 + 冲动 7 次	$C[\alpha_s^1, \alpha_s^2, \alpha_s^3]+\sum_{k=1}^{7}E^{m_kn_k}$	1		1	2
合计		56	58	56	170
Levine 原型 + 冲动 1 次	$C[\alpha_s]+E^{mn}$	10	12	3	25
Levine 原型 + 冲动 2 次	$C[\alpha_s]+\sum_{k=1}^{2}E^{m_kn_k}$	7	10	15	32
Levine 原型 + 冲动 3 次	$C[\alpha_s]+\sum_{k=1}^{3}E^{m_kn_k}$	7	4	10	21

实验 C 的“Levine 扩展 + 冲动 1 次”的说服力没有实验 A 高。实际上 $D_s \neq C[\alpha_s^1, \alpha_s^2, \alpha_s^3]$ 的 17 个中，记录为 $D_s \neq C[\alpha_s^1, \alpha_s^2, \alpha_s^3]+E_s^{mn}$ 的只有 7 个。另外，在实验 A 中，D_s 大致分为以“Levine 扩展 + 冲动 2 次以下”能够进行说明的多数和以“Levine 扩展 + 冲动 4 次以上”能够进行说明的少数。在“Levine 扩展 + 冲动”中说明的 D_s 随着冲动次数的增加而逐渐减少。这是因为在实验 A 中，大部分参加者基本上遵循 Levine 扩展所允许的效用函数，少数人遵循完全不同的原理进行决策。这表明冲动的概率比实验 A 中的大，或者有人将 Levine 扩展和其他原理进行折中后做出了选择。

第四节 结 论

本章是对诺布效应进行验证的前一阶段，对参试人员成为赋予外部性的当事人时，其行为是否受外部性的正负及其规模的影响进行实验验证。实验结果表明，当事人在行动时，无论是副作用（外部性）为负，还是副作用（外部性）为正，都有基于利己动机而行动的倾向。对周围给予金钱奖励的人们的行为预测与自己的选择倾向相同。通过国际间的比较结果表明，日本（京都产业大学）和中国（苏州大学和宁夏大学）的实验结果显示行为人具有相同倾向。

但是，也有例外的情况，如通过观察诸多虽然采取行动将对自己有利却最终选择不行动的例子。为了对这种个人行为进行探究，引入了 Levine 型效用函数与 Fehr 和 Schmidt 型效用函数。人类的行动多种多样，但大体情况下都采取利己的行动，但有时并不能用一个效用函数进行解释。Levine 效用函数或 Fehr 和 Schmidt 型效用函数可以在更广泛的范围内解释参试人员的行为，但要解释所有情况下的行为还是有局限性。人并不总是遵循一贯的行动原理，如果接受这样的想法，就会做出无法解释的冲动行为，“Levine 效用函数与 Fehr 和 Schmidt 型效用函数 + 冲动 1 次”具有相当强的说服力。

本书没有对 Guess 的结果进行探讨，但在此概述如下：我们不能假设他人行为遵循 Levine 或 Fehr 和 Schmide 型效用函数，并进行推测。例如，如果推测他人也具有 Levine 型效用函数，那么选择矩阵的列的方差应该为零，明显小于行的方差，但实际比率的数值平均为 0.658。另外，例如，该比例低的参试人员占比不到 0.2，约为 10%。或者按照 Fehr 和 Schmide 型效用函数，应该观察到选择矩阵的行数和再分配额的正或负比例关系，实际上，这样选择的人数占全体的 57%。由此可见，在推测他人的行动时，也有很多无法用特定效用函数解释的判断。原本，在以数据为基础而分析个人行动的研究尝试中，按照连贯的理论进行解析是较为困难的。让参试人员推测他人的行动，是要求参试人员在没有数据和理论的情况下，对所有其他参加者做出同样的推测。本质上这一要求无法实现，即便在假设上述要求可行的情况下进行分析，仍不能期待将会出现具有显著性的结果。因此，在本书的分析中，认为 Guess 的结果与 Opinion 比较接近。

参考文献

[1] Binmore，Ken，Avner Shaked.Experimental economics：Where next?［J］. Journal of Economic Behavior and Organization，2010（73）：87–100.

[2] Brandts，Jordi，Gary Charness.Hot vs. cold：Sequential responses and preference stability in experimental games［J］. Experimental Economics，

2000, 2 (3): 227–238.

[3] Brosig, Jeannette, Joachim Weimann, Chun–Lei Yang.The hot versus cold effect in a simple bargaining experiment [J]. Experimental Economics, 2003, 6 (1): 75–90.

[4] Cason, Timothy N., Vai–Lam Mui .Social influence in the sequential dictator game [J]. Journal of Mathematical Psychology, 1998, 42 (2–3): 248–265.

[5] Charness, Gary, David I. Levine.Intention and stochastic outcomes: An experimental study [J]. Economic Journal, 2007, 117 (522): 1051–1072.

[6] Cokely, Edward T., Adam Feltz.Individual differences, judgment biases, and theory–of–mind: Deconstructing the intentional action side effect asymmetry [J]. Journal of Research in Personality, 2009, 43 (1): 18–24.

[7] Cox, James C., Cary A. Deck.On the nature of reciprocal motives [J]. Economic Inquiry, 2005, 43 (3): 623–635.

[8] Falk, Armin, Michael Kosfeld.The hidden costs of control [J]. American Economic Review, 2006, 96 (5): 1611–1630.

[9] Fehr, Ernst, Klaus M. Schmidt.A Theories of fairness, competition, and cooperation [J]. Quarterly Journal of Economics, 1999, 114 (3): 817–868.

[10] Fehr, Ernst, Klaus M. Schmidt.Theories of fairness and reciprocity evidence and economic applications [J]. Mimeo, 2000 (1): 7–14.

[11] Fehr, Ernst, Klaus M. Schmidt.The rhetoric of inequity aversion a reply [J]. Mimeo, 2005 (1): 7–14.

[12] Feltz, Adam.The Knobe effect: A brief overview [J]. Journal of Mind and Behavior, 2007, 28 (3–4): 265–277.

[13] Foot, Philippa.The Problem of Abortion and the Doctrine of the Double Effect in Virtues and Vices [A] //Virtues and vices, and other essays in moral philosophy [M]. Basil Blackwell, Oxford, U.K, 1978.

[14] Forsythe, Robert, Joel L. Horowitz, N.E. Savin, Martin Sefton.Fairness in simple bargaining experiments [J]. Games and Economic Behavior, 1994, 6 (3): 347–369.

[15] Gonnerman, Chad.Reading conflicted minds: An empirical follow–up to

knobe and roedder [J] . Philosophical Psychology, 2008, 21 (2): 193–205.

[16] Güth, Werner., Steffen Huck, Wieland Muller.The relevance of equal splits in ultimatum games [J] . Games and Economic Behavior, 2001, 37 (1): 161–169.

[17] Ho, Teck–Hua., Colin Camerer, Keith Weigelt.Iterated best response in expeimental "p–beauty contest" [J] . American Economic Review, 1998, 88 (4): 947–969.

[18] Kamm, Frances Myrna.Harming some to save others [J] . Philosophical Studies, 1989, 57 (3): 227–260.

[19] Knobe, Joshua.Intentional action in folk psychology: An experimental investigation [J] . Philosophical Psychology, 2003, 16 (2): 309–324.

[20] Levine, David K. Modeling altruism and spitefulness in experiments [J] . Review of Economic Dynamics, 1998 (3): 593–622.

[21] McCann, Hugh J. Intentional action and intending: Recent empirical studies [J] . Philosophical Psychology, 2005, 18 (6): 737–748.

[22] Mikhail, John.Universal moral grammar: Theory, evidence, and the future [J] . Trends in Cognitive Sciences, 2007, 11 (4): 143–152.

[23] Neugebauer, Tibor, Anders Poulsen, Arthur Schram.Fairness and reciprocity in the hawk–dove game [J] . Journal of Economic Behavior, Organization, 2008, 66 (2): 243–250.

[24] Nichols, Shaun Joseph Ulatowski. Intuitions and individual differences: The Knobe effect revisited [J] . Mind, Language, 2007, 22 (4): 346–365.

[25] Oxoby, Robert J., Kendra N. Mcleish.Sequential decision and strategy vector methods in ultimatum bargaining: Evidence on the strength of other–regarding behavior [J] . Economics Letters, 2004, 84 (3): 399–405.

[26] Rabin, Matthew. Incorporating fairness into game theory and economics [J] . American Economic Review, 1993, 83 (5): 1281–1302.

[27] Schotter, Andrew, Keith Weigelt, Charles Wilson. A laboratory investigation of multiperson rationality and presentaion effects [J] . Games and Economic Behaviour, 1994, 6 (3): 445–468.

[28] Solnick, Sara J. Cash and alternate methods of accounting in an experimental

game [J] . Journal of Economic Behavior and Organization, 2007, 62 (2): 316-321.

[29] Sripada, Chandra Sekhar. The deep self model and asymmetries in folk judgments about intentional action [J] . Philosophical Studies, 2010, 151 (2): 159-176.

[30] Thomson, Judith Jarvis. The trolley problem [J] . Yale Law Journal, 1985 (94): 1395-1415.

[31] Unger, Peter Living high and letting die [M] . Oxford University Press, 1996.

[32] Utikal, Verena, Urs Fischbacher. On the attribution of externalities [J] . Research Paper Series Thurgau Institute of Economics and Department of Economics at the University of Konstanz, 2009.

[33] Uttich, Kevin, Lombrozo, Tania.Norms inform mental state ascriptions: A rational explanation for the side-effect effect [J]. Cognition, 2010, 116(1): 87-100.

[34] Wible, A.Knobe, side effects, and the morally good business [J] . Journal of Business Ethics, 2009 (85): 173-178.

第四章　为了解第三方的公平观的实验研究

第一节　前　言

Knobe 效应是近年来在哲学领域受到广泛关注的话题，一方面，人们对造成负面的副作用（外部性）的行为给予惩罚；另一方面，对造成正面的副作用（外部性）的行为并不表示赞美。这表明人们可以根据副作用（外部性）的正负而改变分配的方式。在本章中，在验证这类 Knobe 效应时，参考 Utikal 和 Fischbacher（2009）的实验，引入凯恩斯的美人投票理论，让实验的参加者们提出作为无利益关系的第三方的分配方案。而且，根据实验者 1 和实验者 2 经济能力的不同，分配的方式有所不同，在此基础上设计了 15 个假想例子。考虑到 Knobe 效应会因文化差异而存在不同，为了进行文化间的比较，本书在日本（京都产业大学）和中国（苏州大学和宁夏大学）的 3 个地方进行了相同的实验。

实验结果表明，日本和中国均未能验证 Knobe 效应的存在。也就是说，作为公平的第三方进行重新分配时，实验的参加者没有考虑副作用（外部性）的正负。与之相对的，确认了参与实验者对平等的意向很高，也就是说，虽然没有进行平等的分配，但有向平等方向调整的倾向。

本章的构成如下：第二节围绕 Knobe 效应的哲学研究进行概述。第三节论述了有关实验哲学存在的问题和实验经济学的方法。实验哲学和实验经济学是两个完全不同的领域。从实验经济学的角度看，实验哲学的方法存在难以接受的东西。因此，在本章中说明了用怎样的方法从实验经济学的角度正确的验证实验哲学中存在的问题。第四节详细论述了笔者实施的实验的新颖性、设计、流程及实验结果。第五节详细论述了本实验的结果。说明了与

Utikal 和 Fischbacher（2009）的比较以及从 Utikal 和 Fischbacher（2009）改善的结果。第六节论述了本书的作用和今后的课题。

第二节 实验哲学方法与 Knobe 效应

本节围绕 Knobe 效应的哲学研究进行了概述。

第一，从著名的矿车问题角度对实验哲学进行了阐述，并说明了 Knobe（2003）的实验内容。

第二，概述了 Utikal 和 Fischbacher（2009）的实验。Utikal 和 Fischbacher（2009）是本书的原始模型，详细论述了 Utikal 和 Fischbacher 等的实验设计、实施流程、实验结果及实验问题。

一、实验哲学

哲学有时会设定现实世界中几乎不会发生的极端情况，以对相关哲学问题进行探究。例如，Foot（1978）在矿车问题（Trolley Problem）中所设想的下述情况：

正在铁轨上行驶的矿车失去控制，若继续失控，就会轧死前方正在作业的 5 个人。碰巧 A 就在铁轨道岔旁边。如果 A 把矿车的前进方向切换到另一条轨道上，那 5 个人就能够得救。但如果 A 这样做，在另一条路线上正在作业的 1 名作业员就会被轧死。没有其他可以拯救那 5 个人的方法。

此时，对"A 将矿车引入到另一条路线的行为，是否与法律责任没有关系，是否在道德上被允许（Permissible）"进行考察。在假想的情况下尽力明确一般规律，这与在实验室中创造现实世界中没有的极端环境，以此发现和确认一般规律的各种科学实验方法一致。从这个意义上讲，传统哲学也能够进行实验。实际上，失控的矿车和碰巧在道岔旁边有人这种不现实的情况，是哲学家 Foot 为了纯粹地考虑"为了帮助多数人，即使杀死其他的少数人也可以吗？"这个一般道德判断下的"倍加思索"后的举例。[①] 实验哲学的新颖

① 矿车问题不仅作为传统哲学被进一步讨论（Thomson，1985；Kamm，1989；Unger，1996）。近年来，对认知科学和神经伦理学也产生了部分影响（Mikhail，2007；Greene，2007）。关于"对哲学感兴趣的人们"将如何看待矿车问题，请参阅 The PhilPapers Surveys <http：//philpapers.org/surveys/> 的 Trolley Problem 项。据此，在 931 人中有 635 人（68.2%）回答"切换轨道"，71 人（7.6%）回答"不切换轨道"。也确认了由于回答者（自己申报的）对哲学的关心而产生的回答的动摇。

之处在于，实验哲学并不依赖于哲学家的直觉和思辨能力，而是“实验心理学的方法，即通过普通人（非哲学家）对哲学问题的直觉来进行统计调查，然后，对调查结果进行哲学分析”（笠木，2009）。作为本书主题的Knobe效应，也是通过这种方法，最终被明确认识的哲学现象。

二、Knobe效应

Knobe（2003）对曼哈顿某公园里正在进行休闲娱乐的78名男女关于以下两个问题征求了意见。

一个公司的副经理对经理说：“我们开发了一个新项目，这个新项目会给公司带来利润，这个项目会破坏环境。”经理说：“我不关心环境的好坏，我只想尽可能地盈利。开始运作新项目！”于是这家公司开始了新的项目，当然也破坏了环境。

问题：你认为经理是有意在破坏环境吗？

一个公司的副经理对经理说：“我们开发了一个新项目，这个新项目会给公司带来利润，这个项目会改善环境。”经理说：“我不关心环境的好坏，我只想尽可能地盈利。开始运作新项目！”于是这家公司开始了新的项目，当然环境也得到了改善。

问题：你认为经理是有意在改善环境吗？

其中，82%的人阅读了副作用（外部性）为负面的假想例子（Harm Story）后回答“经理是有意向性地使环境变差”，而与之相对的，只有23%的人阅读了副作用（外部性）为正面的假想例子（Help Story）后回答“经理是有意向在使环境变好”。不管哪种说法，尽管经理都表明“I don't care at all about harming/helping the environment”（对环境漠不关心）和“I just want to make as much profit as I can”（只想追求利益），很多人还是感觉负面的副作用（外部性）是经理有意向性地造成的，而将正面的副作用（外部性）视为经理无意向性地造成的。

在人们的判断中，是否将副作用（外部性）视为有意向性的，取决于副作用（外部性）是正面的还是负面的。这一发现引起了人们的关注，被称为“Knobe效应”the Knobe effect或“副作用（外部性）效应”Side-Effect Effect，并进行了相关研究。大多数研究和Knobe一样，向人们提出一个假想故事，并询问是否认为行为人的行为是有意图的。

三、Verena Utikal 和 Urs Fischbacher 的 Knobe 效应实验

（一）实验的目的和设计

Utikal 和 Fischbacher 认为，Knobe 的人们关于消极的预见副作用（外部性）(Negativeforeseen Externalities)，属于带来副作用（外部性）当事人的责任，而并不将产生积极作用的一方（Positive Foreseen Externalities）判断为是副作用（外部性）发生主体的贡献，为了验证这一主张，笔者进行了实验。实验由 3 名实验者构成，决策有 2 个阶段的流程。在 Utikal 和 Fischbacher 的实验中，实验者 1 是企业，实验者 2 是居民（环境），实验者 3 是无利益相关的第三方。

在第一阶段，实验者 1 相信自己是自己和实验者 2 的收入分配的最终决定者，决定自己和实验者 2 的收入分配。

在第二阶段，实验者 1 作出决定后，实验者 3 作为实验者 1 和实验者 2 的收入分配的最终决定者出现，不仅考虑实验者 1 选择的状态，还考虑实验 1 没有选择的状态，重新分配 2 个实验者的收入。具体来说，首先实验者 1 被要求做出一个决策。

你可以在什么都不做的情况下实现状态 X，并获得酬金 X_1，如果你想要，可以通过实现状态 Y 获得酬金 Y_1。但是，有匿名实验者 2 会根据你是实现状态 X 还是实现状态 Y，而得到酬金 X_2 或酬金 Y_2。你是想停留在状态 X，还是想转移到状态 Y。

接下来，实验者 3 被告知可以重新分配给实验者 1 和实验者 2 的酬金，被要求做出两个决策。

如果实验者 1 停留在状态 X，你将如何重新分配？如果实验者 1 转移到状态 Y，你将如何重新分配?

Utikal 和 Fischbacher 根据 L1 到 L7 的收益表（见表 4-1），对共计 120 人进行了实验。也就是说，在所有的收益表中，根据实验者 1（主作用）转移到状态 Y，则一律可以获得 1 欧元。实验者 2（副作用）此时被赋予 $Y_2- X_2$ 的收益。收益从 L1 的 -2 欧元到 L4 的 +4 欧元，设定了 7 种状态。另外，给实验者 3 的酬金则独立于问题的设定和 Player 的决策，始终保持为 10 欧元。

Utikal 和 Fischbacher 的实验与 Knobe 的实验相对应，即实验者 1 是企业，

实验者 2 是居民，X 是企业执行项目前（= 不执行时）的世界，Y 是企业执行项目后的世界，$Y_1 - X_1$ 是主作用或由于执行项目而带来的企业利益的增加部分，$Y_2 - X_2$ 是副作用（外部性）或居民受到的外部效应。另外，实验者 3 作为公平的第三方，如果认为实验者 1 的决策是合适的，那么作为补偿会进一步增加实验者 1 的份额，如果认为实验者 1 的决策是不合适的，那么作为惩罚会减少实验者 1 的份额。

表 4-1　Utikal 和 Fischbacher's 实验

L_1	
5.00	6.00
5.00	3.00

L_2	
5.00	6.00
3.00	3.00

L_3	
5.00	6.00
2.00	3.00

L_4	
2.00	3.00
8.00	6.00

L_5	
2.00	3.00
6.00	6.00

L_6	
2.00	3.00
5.00	6.00

L_7	
2.00	3.00
2.00	6.00

scenario	···	L_k	
Player One's income	···	X_1	Y_1
Player Two's income	···	X_2	Y_2
		⋮	⋮
condition	···	**X**	**Y**

Knobe 在假想提问（Help Story 和 Harm Story）中询问了是否将副作用（外部性）视为有意图的判断，而 Utikal 和 Fischbacher 是已经知道了副作用（外部性）而做出决策的实验者 1 和现实中受到副作用（外部性）的实验者 2 的情况下，询问了实验者 3 对其希望如何重新分配实验者 1 和实验者 2 的收入所做出的判断。关于"是否将副作用（外部性）视为有意图的"和"是否对副作用（外部性）的造成者给予惩罚或酬谢"相关问题，虽然尚有讨论的余地，但对于探究人们对给予惩罚和酬谢的倾向，无论是对经济研究，还是对哲学研究都是有意义的。Utikal 和 Fischbacher 的实验，包括实验参加者的母集体的统管和信息环境的控制是严密的，在加深 Knobe 分析的同时，具有将 Knobe 效应与现实社会相互关联的可能性。

对行为人的赏罚如果放入研究计划中，Knobe 效应就相应地进入了实验经济学的研究领域，实验经济学虽然不涉及是否承认行为的意向性等人们内心的问题，但对给予他人有利或不利主体的奖励或处罚这类行为是可以被观察到的，所以被人们广泛地进行研究。我们用图 4–1 进行说明。哲学家描述人们的内心世界，但实验经济学家只讨论定量的，可以观察到的事物之间的关系。实际上，Utikal 和 Fischbacher（2009）通过实验观察了主体 A 作为使自身的收入从 X 增加到 $X+\Delta X$ 的副作用（外部性），当其他 B 的收入从 Y 变化为 $Y+\Delta Y$（$0 \lesseqgtr \Delta Y$）时，重新分配的主体 C 从 B 的收入转移到 A 的收入的金额 Z。在其报告中表示，ΔY 的正负直接关系到针对 A 的行为的 C 的善恶判断，C 对 A 的赏罚判断直接表现为 Z 的正负的假设下，未必总能够观察到 Knobe 效应的存在。

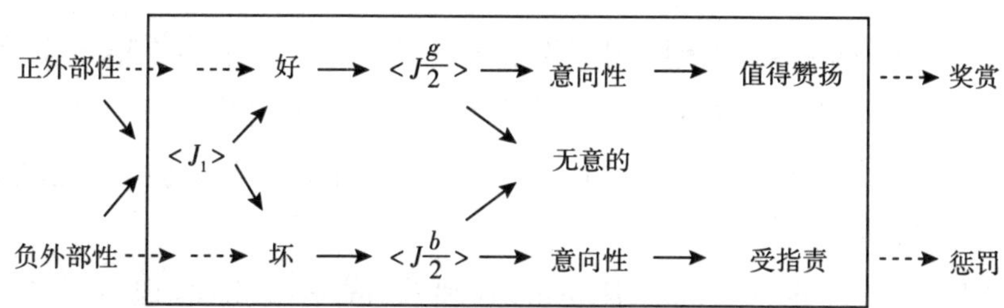

图 4–1　实验哲学与实验经济学的 Knobe 效应的研究

注：框架表示主体的内心世界，框内的斜体字的各种概念、它们之间的箭头、判断 $<J_i^a>$ 都不会被他人观察到。从外部可以观察到的只有粗体字，在实验中全部用金额测量。虚线箭头是经济学家假设的主体的判断。

（二）实验结果

Utikal 和 Fischbacher 调查了 3 个假说：

Outcome Hypothesis：实验者 3 无论是在获得利益矩阵的结构上，还是在实验者 1 的决策中，都会独立地将实验者 1 的收入和实验者 2 的收入进行平等化。

$$\begin{cases} X_1 - \Delta X = \dfrac{X_1 + X_2}{2} \\ \\ Y_1 - \Delta Y = \dfrac{Y_1 + Y_2}{2} = 4.50 \end{cases} \quad \text{for all } \mathbf{L}_k \qquad (4.1)$$

这里的 ΔX 表示，如果实验者 1 停留在 X 的情况下，实验者 3 从实验者 1 转移给实验者 2 的金额。ΔY 表示，如果实验者 1 转移到 Y 的情况下，实验者 3 从实验者 1 转移给实验者 2 的金额。

Knobe 效应：实验者 3 在副作用（外部性）为正时，即使实验者 1 转移到 Y，也不会给实验者 1 补偿；在副作用（外部性）为负时，如果实验者 1 转移到 Y，则对实验者 1 施加惩罚。

$$\begin{cases} 0 = R = Y_1 - \Delta Y - \dfrac{Y_1 + Y_2}{2} = Y_1 - \Delta Y - 4.50 & \text{for } \mathbf{L}_3,\ \mathbf{L}_6 \text{ and } \mathbf{L}_7 \\ 0 < P = \dfrac{Y_1 + Y_2}{2} - (Y_1 - \Delta Y) = -Y_1 + \Delta Y + 4.50 & \text{for } \mathbf{L}_1 \text{ and } \mathbf{L}_4 \end{cases} \tag{4.2}$$

在这里，补偿 R 和惩罚 P 是根据与相等分成的距离和实验者 3 的重新分配来测量的。

Levine Hypothesis：当副作用（外部性）为正时，实验者 3 给予实验者 1 的补偿 R 的平均值与实验者 1 选择转移到 Y 的比例负相关；当副作用（外部性）为负时，实验者 3 给予实验者 1 的惩罚 P 的平均值与实验者 1 选择转移到 Y 的比例负相关。

实验结果肯定了 Output Hypothesis 和 Levine Hypothesis 理论，否定了 Knobe 效应。也就是说，很多被实验者不考虑获得利益的结构和实验者 1 的决策，就将实验者 1 和实验者 2 的收入进行了平等分配。没有这样做的参与实验者并不是考虑副作用（外部性）的正负，而是考虑了初始分配的不平等。也就是说，对于在初始分配中处于弱势的实验者 1 为了增加自己的收入而稍微减少实验者 2 的收入行为是宽容的，而对有享受到初期分配优势的实验者 1 为了增加自己的收入而减少实验者 2 的收入的行为是很严格的。这意味着，即使在 Knobe（2003）的问题中，人们也在潜移默化中设想“比起那些遭受项目的副作用影响的人们，经理在目前的情况下，在经济上要得天独厚得多”这一情况而做出回答。

（三）实验存在的问题

对实验者 3 使用的 Strategy Method（Selten 1967），可能影响实验者 3 的回答，Utikal 和 Fischbacher 也对这一情况表示了担忧。也就是说，他指出了虽然在实验中询问了实验者 3“如果实验者 1 停留在 X，你将希望如何重新进行分配？如果实验者 1 转移到 Y，你将希望如何重新进行分配”，但如果传达了实验者 1 实际做出的决定，并要求实验者 3 进行重新分配，则此时的回答有可能会与“对假想的提问的回答”不同。这种可能性是否会具体化取决于实验：在Schotter（1994）、Güth（2001）、Neugebauer（2002）、Brosig（2003）、Kuthbler 和 Muthller（2007）、Solnik（2007）中差异得到认同，而在 Casson 和 Mui（1998）、Brands 和 Charness（2000）、McLeish 和 Oxby（2004）、Cox 和 Deck（2005）、Falk 和 Kosfeld（2006）、Charness 和 Levine（2007）中的差异没有得到认同。正如 harness 和 Levie（2007）所描述的那样，Strategy Method 是一种尚有讨论余地的方法。

但是，Strategy Method 这一方式无论是在理论上，还是在实际上，都具有优点。实际上，在 Utikal 和 Fischbache 的实验中，针对 L6 只有 8% 的实验者 1 回答要停留在 X。排除假想的提问，传达实验者 1 实际做出的决定，要求实验者 3 重新分配，如果他们进行了这样的实验，意味着不仅不能比较同一个被实验者的决策，而且为了进行被实验者群体的比较必须一直保持进行大规模的实验。因此，在 Utikal 和 Fischbacher（2009）的实验中采用 Strategy Method 方式被正当化。

本质问题是，在 Utikal 和 Fischbacher 的实验中，实验者 3 的决策对其他人（实验者 1 和实验者 2）的收入和自己的收入都完全没有任何影响。他们只是询问了实验者 3“你希望怎样重新进行分配实验者 1 和实验者 2 的收入”，而没有指出“我们会根据你的回答进行重新分配”。也就是说，实验者 3 知道自己关于重新分配的决定并不会影响实际的重新分配。在这种情况下，实验者 3 是否如实地叙述了自己的判断呢?

但是，为了避免预想问题而对实验者 3 说谎的行为是不被允许的。对实验者 3 指出“我们会根据你的回答进行重新分配”，可实际上并没有这样做，因为此举是欺骗实验参加者的背叛（Defection）行为，在实验经济学中这一做法被严格禁止。实验经济学之所以避免背叛实验，是因为背叛行为，不仅存在伦理上问题，还可能使今后实验经济学的研究变得困难。实际上，相信根据自己决策进行重新分配的扮演实验者 3 的实验参加者，如果知道自己提出的重新分配方案并没有被采用的话，那么在下一个实验中不会毫无猜疑地相信实验者所说的话了。甚至，如果被欺骗的参加者向朋友和熟人叙述被欺骗的事情，恐怕对一般经济实验的不信任有可能会扩展到参加者的母集体。考虑到经济实验的参加者都是所属于同一所大学的学生们，因此这将被视为严重问题。当实验参加者确信实验者给出的信息总是正确的这一前提错误时，经济实验的分析将会变得非常复杂。

话虽如此，为了避免假想的提问就实行实验者 3 所希望的重新分配，则会出现更大问题。如果根据实验者 3 的决定变更相信自己的决定就是最终的决定而做出回答的实验者 1 的收入，会导致实验者 1 被欺骗。如果对实验者 1 说“当你做出决定之后，实验者 3 会重新分配”的话，虽然能避免背叛行为，但如果事前知道实验者 3 可能会进行重新分配，实验者 1 的行动可能会随之发生变化。为了知道不可能得到针对给予副作用（外部性）的惩罚和补偿时的人们的行动，则不能事先向实验者 1 传达实验者 3 的存在。

结果，在不欺骗被实验者的条件下，Utikal 和 Fischbacher 的实验如果没有假想的提问就无法实现。在经济实验中，假想提问是不得已而为之的。即使是假想提问，如果能够使实验参加者产生适当的动机，也会使实验参加者显现出值得信赖的决策。

作为经济实验的致命缺陷是，Utikal 和 Fischbacher 只要求实验参加者如实地叙述自己的判断，而并没有用酬金激励实验参加者。实际上，无论实验者 3 如何回答，他们都支付了相同金额的酬金。这样的话，就不能保证实验者 3 会如实地作出回答。

第三节　实验哲学存在的问题与实验经济学的方法

本节对实验哲学存在的问题和实验经济学的方法进行了详细描述。

一、实验哲学存在的问题

实验哲学不仅对哲学产生影响，还可能影响到其他的人文社会科学。例如，Knobe 效应可能会使人们有“某个人通过其次要的动机给他人带来利益时并不会收获赞赏，但是个人通过次要的动机给他人带来危害时却会受到指责”的倾向。如果是这样的话，这种效应会影响社会的酬谢和惩罚体系，具有经济上的含义。

但是，哲学实验的回答者会如实地叙述自己的意见吗？实验哲学是在无论回答者做出怎样的回答都不会给回答者产生损失和利益的环境下，向参与实验者询问“作为公平的没有利害关系的第三方的意见”。但是，实验者只是说“请你认真考虑”，回答者就会真的认真考虑吗？实验者只是保证“无论你做出怎样的回答，你的回答都不会被公开，且不会被追究责任”，回答者就会原封不动地叙述自己的想法吗？

二、实验经济学的方法

实验经济学的研究者认为，除非给予回答者产生经济上的激励，回答者才能认真思考并如实叙述意见，否则回答者不一定会这样做。实际上，实验经济学的研究者创造了一个实验参加者的决策会影响实验参加者的收入的环境，要求实验参加者在预先规定的范围内进行决策。实验经济学的研究者并不认为进行“如果现在马上就能得到 100 万日元，或者 10 年后能得到 1000 万日元，你觉得哪一个好呢？”这样的提问，回答者会如实地回答或者能如实做出判断。实验经济学的研究者通常会选择询问“如果可以现在马上给你 3000 日元，或者可以明天给 3100 日元，你觉得哪一个好呢？”（并且按照对方的回答实际支付酬金）。诚然，实验者只会询问能够让对方实现的选择，仅限于能够被调查的决策。但是，如果回答并不会对获得的酬金产生影响，回答者可能不会如实回答。实验经济学不相信对假想的提问的回答。

实验经济学以实验参加者的决策向实验参加者支付酬金为目的，在以上的例子中是为了让实验参加者认真地进行判断，但不仅如此，更重要的是通过在给实验参加者酬金的支付方式上动脑筋，从而控制实验者的偏好。

我们对上述事项展开阐述。一般来说，经济实验是游戏，按照事先说明的游戏规则，参加者可以根据行为在游戏中获取得分。诚然，如果是有趣的游戏，即使 1 日元都赚不到，参加者也会认真参与游戏。但是，尽管对得分进行了明确定义，并不意味着明确设定了参加者的目标。参加者可能会希望尽可能地获得高分，但也可能只希望比其他参加者获得更高的分数。因此，当实验经济学研究者希望让游戏的参加者采取行动使自己尽可能获得较高的得分时，他们会向每个人保证将按照其在实验中得到的得分比例向每个人支付酬金。当研究者希望让游戏参加者作出希望战胜对手的决定时，研究者会宣布只向胜利者支付酬金。

实验者只是口头或书面提示参加者“请以提高自己的得分为目标进行游戏”，那么参加者不一定会这么做。即使该要求可以暂时限制参加者的决策，也无法保证通过游戏做到引导参加者做出决策。实际情况中，游戏参加者在专注于游戏时，自己制定目标并想方设法达成，这样很容易无视实验者的要求。如果参加者的目标有可能背离实验者的要求，那么即使在游戏中观察参加者的决策，也无法确定其决策的真正意义。通过酬金结构控制实验参加者的偏好，可以达到防止参加者随意改变决策的目的。

总而言之，实验经济学通过酬金结构控制实验参加者的偏好而开展实验。一般来说，实验经济学既不主张“人类有……的偏好”，也不主张“人类采取……的行为”。相反，根据“通过酬金结构被强加了……偏好的参试人员采取了……的行为”的结果，“具有……的偏好的人会采取……的行为吧”这是经济实验区别于不限制参试人员动机的实验和提问调查的特征，其为实验经济学主张赋予了可靠性和严密性。

但是，这样一来，可能会使哲学问题很难通过经济实验实现。调查没有利害关系的公平第三方意见的实验，可以改造成通过酬金结构诱发实验参加者利己决策的经济实验吗？为了以实验经济学的方式分析实验哲学的话题，则必须解决这个问题。

第四节　实验研究

本节详细论述了笔者所进行的实验的新颖性、设计、流程以及实验结果。

第一，从 Utikal 和 Fischbacher（2009）的实验出发，对新的构思和改进进行了论述。

第二，论述了实验的目的和设计。并从 Utikal 和 Fischbacher（2009）的 7 个假想示例的实验中进行改进，在本研究中，考虑到实验者 1 和实验者 2 的经济能力（贫富）的情况和带来的副作用（-、=、+）的情况，不仅要考虑自己，还要在推测周围的其他人的选择的基础上寻求分配方案。

第三，论述了实验的流程。

一、Utikal 和 Fischbacher 实验的改进

必须对能够让实验参加者认真思考，并让参加者产生“如实地叙述自己意见的动机”的酬金结构进行考量。

笔者采取的方法是让实验者 3 成为多个的实验参加者，并只向回答了中

间值的实验者支付酬金。例如，假设有A、B、C、D、E 5个人扮演实验者3，他们分别回答了从实验者1到实验者2转移300日元、0日元、-100日元、500日元、400日元。中间值无论是按从多到少的顺序数，还是从小到大的顺序数，都是300日元，只有这样回答，A才会得到酬金。如果这个酬金结构事先明确提示，那么实验参加者将被诱导，并对扮演实验者3的集体的平均意见进行预想。对实验者3的提问保持假想的状态与Utikal和Fischbacher的实验是相同的，但这个酬金结构会促使参加者认真考虑假想的情况并做出回答。

但是，这种酬金结构引导实验参加者的最终目的不是要求实验参加者进行如实的判断，而是要求实验参加者对实验参加者的集体的平均判断。并且，这个平均判断的意义受到无限猜测的支持。“请给10个候选人中你认为最美丽的女性投票。拥有最多投票的最美丽的候选人的投票者将得到赏金。”如果想要得到这种形式的赏金，那么不仅应考虑自己认为谁是最美丽的，还应考虑其他的人认为谁是最美丽的，而其他人也会考虑其他人认为谁是最美丽……将这些全部放入考虑的范围内。

作为其结果，即便是选择了某个女性A，也不能保证她会与最多的人认为最美丽的女性B一致。举一个极端的例子：如果所有人都认为“虽然我认为B是最美丽的，但我认为其他的人都会投票给A”，那么所有人最终都会投票给A。同样的问题在我们的方法中也存在。[①]

但是，由上述的酬金结构所引导的各个参加者所预想的整个集体的平均判断，以及作为其被定义的集体的平均判断都具有自己的意义。即便在上述美人投票中，也找不到获知B的方法，社会会把A作为有最多的人认为的最美丽的候选人，并对其进行认同。在此基础上，候选人和投票者都会得到利益。谁也无法获知企业的真正价值，投机者根据自己的企业评价和其他的交易主体的预想买卖股票，由此形成股票价格，在此基础上，企业和投机者都会得到利益或受到损失。与每个人主观上认为公平的再分配相比，社会整体上认为公平的再分配更能够被观察到并起到重要作用。而且，在没有经济诱因的情况下询问每个人主观上认为公平的再分配这一做法相对简单，所以将

① 本书的美人投票的例子，是将凯恩斯在《一般理论》中比喻股票价格的形成所提及的美人投票的简化版。

其与每个人预想的社会的平均再分配进行比较，也许会提供有用的信息。

二、实验的目的和设计

上述实验规则和参与者的作用与 Utikal 和 Fischbacher 的实验完全相同。他们的实验和上述实验的不同之处，就在于是无条件地期待实验参加者能够如实地表明意见，还是用酬金进行激励诱导。

作为初始条件，*P*1 表现出 Playey1（以下简称 *P*1）获得收入 X_1 的经济，而实验者 2（以下简称 *P*2）获得收入 X_2 的经济：

$$X=(X_1, X_2) \quad \text{where } 0\leqslant X_1 \text{ and } 0\leqslant X_2 \tag{4.3}$$

*P*1 是选择什么都不做而将经济留在 *X*，还是选择进行某种经济活动，从而实现 *P*1 获得收入 X_1+*M* 的经济，*P*2 获得收入 X_2+*S* 的经济：

$$Y=(X_1+M, X_2+S) \quad \text{where } 0\leqslant X_1+M \text{ and } 0\leqslant X_2+S \tag{4.4}$$

*P*2 只能根据 *P*1 的决策获得收入，既不能参与 *P*1 的决策，也不能修正 *P*1 的决策的结果。设置 T 并定义为 X_1、X_2、*M*、*S* 的组合，在这里，*M* 表示 *P*1 的经济活动的主要效应，即表示对 *P*1 收入的效应；*S* 代表 *P*1 经济活动的副作用（外部性），即代表对 *P*2 收入的影响。①

在实验中，*M* 在全部设定下固定在 1000，另外，*S* 有 S^1=–2000、S^2=–1000、S^3=0、S^4=1000、S^5=2000 5 种测试，*Y* 有 Y^1=（6000，3000）、Y^2=（4500，4500）、Y^3=（3000，6000）3 种测试，对全部 15 个设定的各种情况分别求出其答案，如表 4–2 所示。②

---

① 本书为了明确实验的经济含义，虽然夹带了“什么都不做”和“进行某种经济活动”这样的语句，但是对实验参加者只说明了规则和报酬结构，并没有说明经济背景和含义。

② 注意符号方法。本章将 *x* 的函数 *f* 标记为 *f*［*x*］而不是 *f*（*x*）。这是为了防止混淆 *a*（*b*+*c*）到底是 *a*×（*b*+*c*），还是函数 *a*（*x*）在 *x*=*b*+*c* 时的值。上标字符总是与设定 T^{mn} 对应给出，只有与 *m* 和 *n* 都无关的字符才会在下标表示。

表 4-2　实验的情景

T^{11}		T^{12}		T^{13}		T^{14}		T^{15}	
5000	6000	5000	6000	5000	6000	5000	6000	5000	6000
5000	3000	4000	3000	3000	3000	2000	3000	1000	3000

T^{21}		T^{22}		T^{23}		T^{24}		T^{25}	
3500	4500	3500	4500	3500	4500	3500	4500	3500	4500
6500	4500	5500	4500	4500	4500	3500	4500	2500	4500

T^{31}		T^{32}		T^{33}		T^{34}		T^{35}	
2000	3000	2000	3000	2000	3000	2000	3000	2000	3000
8000	6000	7000	6000	6000	6000	5000	6000	4000	6000

scenario	…	T^{mn}	
Player One's income	…	X_1^{mn}	Y_1^{mn}
Player Two's income	…	X_2^{mn}	Y_2^{mn}
		⋮	⋮
distribution	…	X^{mn}	Y^{mn}

三、实验流程

在第三章中，实 验参加者作为实验者 1 对其意见表明和决策进行了调查。在这一章中，实验参加者扮演实验者 3 的角色。各个实验参加者对各个状态 X^{mn} 和 Y^{mn}，提供自己的意见（Opinion）并对他人的行动进行推测（Guess）。即实验参加者需要回答 30 个提问和 30 个问题。

提问 O［X^{mn}］：实验者 1 认为自己是实验者 1 和实验者 2 的收入分配的最终决定者，停留在了状态 X^{mn}。你可以重新分配实验者 1 和实验者 2 的收入。在状态 X^{mn} 中实验者 1 收入的全部或一部分转移到实验者 2，实验者 2 所得的全部或一部分也可以转移到实验者 1，那么你将如何重新进行分配？

问题 G［X^{mn}］：实验者 1 停留在状态 X^{mn} 时，你认为如何重新分配实验者 1 和实验者 2 的收入是平均的重新分配？

提问 O［Y^{mn}］：实验者 1 认为自己是实验者 1 和实验者 2 的收入分配的最终决定者，所以转移到了状态 Y^{mn}。你可以重新分配实验者 1 和实验者 2 的收入。在状态 Y^{mn} 中，实验者 1 的收入的全部或一部分也可以转移到实验者 2，实验者 2 所得的全部或一部分也可以转移到实验者 1。那么你将如何重新分配?

问题 $G[Y^{mn}]$: 实验者 1 转移到状态 Y^{mn} 时，你认为如何重新分配实验者 1 和实验者 2 的收入是平均的重新分配?

出题的顺序是随机的，并且每个实验参加者的题目都不相同，对应的 Opinion 和 Guess 必须一起作答。实验参加者在回答 Opinion 和 Guess 之前，实验者会给出以下的提醒:

- 每个“Opinion”都没有正确答案，无论怎么回答，都不会影响你得到的酬金。
- 每个“Guess”都有正确答案，正确作答者可以得到 600 日元（但如果出现两人及以上的正确作答者时，将按人数均分酬金）。正确作答者不是在与“Guess”对应的“Opinion”中正确回答了“想停留在状态 X^{mn}”的人数中的人们，而是作答时回答了“Guess”中答案的中位数答案的人（倘若没有人的回答是中位数时，则将酬金支付给其回答最接近中位数的人）。
- 今天有 N 名参试人员，都是这所大学各个院系的本科生，请将其想象为申请参加经济实验且现在正在实验室的某人。
- 实验者 2 是现在在实验室里的某人，请把状态 X^{mn} 看作是他正在和你玩完全凭运气的游戏，并获得了 bingo 的结果。

实验参加者，当问题没有正确答案时，对问题的回答不影响各个实验参加者的酬金，但当问题有正确答案时，只有答对者才能得到酬金；与问题相对应的正确答案不是回答的平均值，而是与问题相对应的回答的中位数；初始状态是偶然的结果，要求参与实验者将其他的 Player 视为是该实验室中的某人对提问及问题的作答，随机对每个实验参加者按不同顺序选出的 15 个收益表，分别就 2 个提问和 2 个问题进行询问，要求参与者回答。

第五节　实验的结果

笔者在京都产业大学、苏州大学和宁夏大学这 3 处实验会场，分别向 56 名、58 名和 55 名实验参加者，针对 X^{mn} 和 Y^{mn} 对 30 个假想例子的各自意见 $O[X^{mn}]$、$O[Y^{mn}]$ 和预想 $G[X^{mn}]$、$G[Y^{mn}]$ 进行了询问。在实验中，假想例子按每个实验参加者随机排序，对每个假想例子同时询问了意见和预想。

每个意见（Opinion）都没有正确答案，只是对自己的意见进行叙述，无论如何回答，都不会影响实验参加者获得的酬金。每个预想（Guess）都存在正确答案，当天参加实验的参加者预测每个预想（Guess）的答案，回答了中间值或者回答了最接近中间值的人成为正确作答者。各预想（Guess）的答案正确者可以得到 600 日元（在中国的实验中各 Guess 为 20 元酬金）（但答案正确者有 2 人以上时按人数平分）。

我们概述一下实验结果。每个实验会场的结果如表 4–3 所示。如图 4–2 所示，在每个大学的实验中，无论在意见 $O[X^{mn}]$、$O[Y^{mn}]$ 的结果中，还是预想 $G[X^{mn}]$、$G[Y^{mn}]$ 的结果中，对平等志向最强烈的被实验者行为进行说明，可以发现其试图从相对报酬高的一方向报酬低的一方进行再分配。另外，重要的因素是尊重既得权，在预想 $G[X^{mn}]$、$G[Y^{mn}]$ 中，虽然保持与意见相同的倾向，但是其程度减少。

表 4–3　项目实验结果：$O[Y^{mn}]$

	外部性（副作用）-2000 时的均值	外部性（副作用）-1000 时的均值	外部性（副作用）为 0 时的均值	外部性（副作用）+1000 时的均值	外部性（副作用）+2000 时的均值	合计（均值）
O^{m1} 京都	579	761	1098	855	920	843
O^{m2} 京都	182	48	–27	111	–89	45
O^{m3} 京都	–929	–1155	–1002	–1159	–1270	–1103
O^{m1} 苏州	795	898	1012	1279	1017	1000
O^{m2} 苏州	–48	–33	86	–74	–31	–20
O^{m3} 苏州	–884	–1160	–1207	–1143	–1033	–1086
O^{m1} 银川	304	704	1034	1188	829	811
O^{m2} 银川	–4	120	138	–39	–11	41
O^{m3} 银川	–957	–982	–1416	–1138	–1125	–1124
O^{m1} 平均	559	788	1048	1107	922	885
O^{m2} 平均	43	45	66	–1	–44	22
O^{m3} 平均	–924	–1099	–1208	–1147	–1143	–1104

注：框内的数值是由实验者 3 进行的从实验者 1 转移到实验者 2 的重新分配金额（如果是 –，则是对实验者 1 进行补偿，如果是 +，则是对实验者 1 进行惩罚）。

本节论述了笔者实施的实验结果。本节的构成如下：

第一，详细论述了 Utikal 和 Fischbacher（2009）实验结果的比较。

第二，在情况 X 和情况 Y 中的 Opinion 和 Guess 的相互比较。

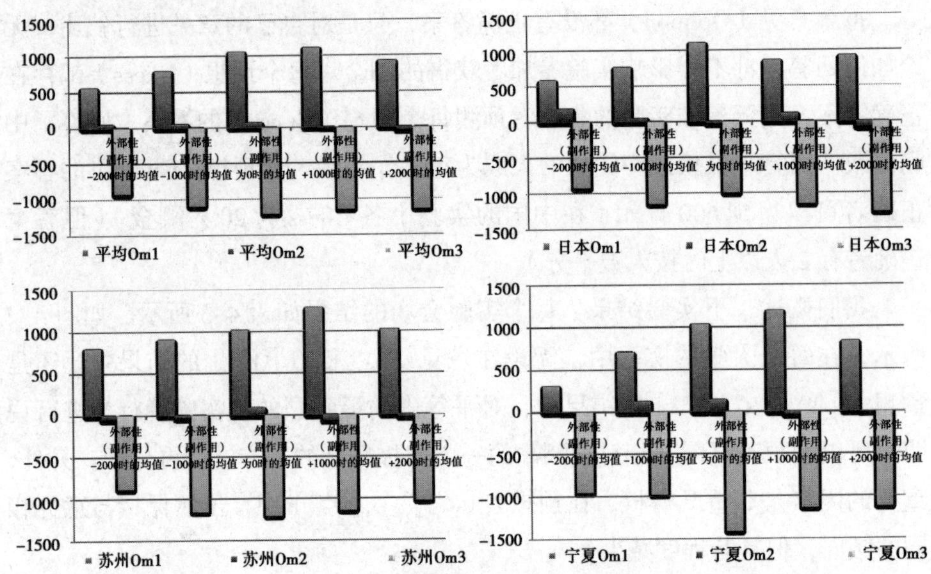

图 4-2　在情况 Y 中的 Opinion

注：由实验者 3 进行的从实验者 1 转移到实验者 2 的重新分配金额（如果是 -，则是对实验者 1 进行补偿，如果是 +，则是对实验者 1 进行惩罚）。

第三，论述了 Opinion 和 Guess 的不同。

第四，详细论述了在日本和中国实施的实验结果。

一、与 Utikal 和 Fischbacher（2009）的比较

Utikal 和 Fischbacher（2009）实验结果肯定了Outcome Hypothesis 和 Levine Effect 理论，否定了 Knobe 效应。笔者对此进行了以下比较：

（一）Knobe 效应

在 Utikal 和 Fischbacher（2009）的实验中，只有在实验者 1 选择 Y 的情况下，才要求实验者 3 进行重新分配，其结果是 Knobe 效应被否定。笔者的实验也使用与 Utikal 和 Fischbacher（2009）实验相同的方法验证 $O\left[Y^{mn}\right]$ 结果，没有观察到 Knobe 效应的存在。

在 Knobe 效应的情况下，在表 4-3 中，左侧的 side effect- 的情况的赏罚金额应该比右侧的 sideeffect+ 的情况高。观察表 4-3 可知，左边比右边低，也就是说，没有观察到 Knobe 效应的存在。

（二）Levine Hypothesis

在 Utikal 和 Fischbacher（2009）中，肯定了Levine Hypothesis。Levine

Hypothesis 在副作用（外部性）为正面时，实验者 3 给予实验者 1 的补偿 R 的平均值与实验者 1 选择转移到 Y 的比例呈负相关。也就是说，如果很多人做出正面的副作用（外部性）行为时，这种行为则不被认为是值得特别称赞的。同样地，当副作用（外部性）为负面时，实验者 3 给予实验者 1 的惩罚 P 的平均值与实验者 1 选择转移到 Y 的比例呈负相关。

为了对 Levine Hypothesis 理论进行验证，必须利用第 3 章实施的实验情况转移到 Y 的比例，在日本和中国实施的实验中，各主体在各自的情况下回答转移到 Y 的比例的数据如表 4–4 所示。

表 4–4 项目实验结果：选择转移到 *Y* 的比例

单位：%

	外部性（副作用）–2000 时的均值	外部性（副作用）–1000 时的均值	外部性（副作用）为 0 时的均值	外部性（副作用）+1000 时的均值	外部性（副作用）+2000 时的均值	合计（均值）
O^{m1} 京都	59	71	88	86	84	78
O^{m2} 京都	84	88	95	91	89	89
O^{m3} 京都	84	96	96	89	88	91
O^{m1} 苏州	62	86	95	100	95	88
O^{m2} 苏州	90	100	98	100	98	97
O^{m3} 苏州	88	100	98	100	90	95
O^{m1} 银川	32	61	82	86	82	69
O^{m2} 银川	71	86	91	89	80	84
O^{m3} 银川	73	84	95	89	82	85
O^{m1} 平均	51	73	88	90	87	78
O^{m2} 平均	82	91	95	93	89	90
O^{m3} 平均	82	93	96	93	86	90

但是，被实验者作为实验者 3 在做出决定时，并没有获得这一信息。因此，考虑被实验者将自己的选择演绎为其他人的行动，那么被实验者作为实验者 1 进行是否转移到 Y（见表 4–4）这一选择时，同时询问每个被实验者认为将有其他人会选择转移到 Y，并使用这一结果（见表 4–5）进行分析。

首先，分析结果如下所示：

表 4–6~ 表 4–8 分别为在京都产业大学、苏州大学和宁夏大学实施的实验，体现了在 Part1 中作为拥有决定权的当事人（实验者 1）回答“是否转移

到Y（Yes/No）？”的比例与本实验（Part2）中作为公平的第三方对每个情况（X&Y）的重新分配金额（对自己的意见和其他人的行动的推测）的相关性。

调查结果显示，在两者之间并没有发现统计上有意义的相关性。

表4-5 项目实验结果：对于“你认为有多少人会选择转移到*Y*？”的中间值

单位：%

	外部性（副作用）-2000时的均值	外部性（副作用）-1000时的均值	外部性（副作用）为0时的均值	外部性（副作用）+1000时的均值	外部性（副作用）+2000时的均值	合计（均值）
G^{m1} 京都	66	68	89	93	91	81
G^{m2} 京都	71	71	96	96	93	86
G^{m3} 京都	71	79	96	93	89	86
G^{m1} 苏州	78	84	98	97	95	90
G^{m2} 苏州	86	86	98	100	100	94
G^{m3} 苏州	78	89	99	94	90	90
G^{m1} 银川	61	71	86	82	79	76
G^{m2} 银川	71	80	86	91	82	82
G^{m3} 银川	64	71	86	75	77	75
G^{m1} 平均	68	75	91	91	88	82
G^{m2} 平均	76	79	93	96	92	87
G^{m3} 平均	71	80	94	87	85	83

表4-6 转移到情况*Y*的比例（Part1）与重新分配金额的关系：日本

	项目	数量	$G[X^{mn}]$		$O[Y^{mn}]$		$G[Y^{mn}]$		$O[Y^{mn}]$	
			平均	P	平均	P	平均	P	平均	P
T_{11}	不转移到Y	23	152.17	0.2638	-252.17	0.3226	939.13	0.6806	1126.09	0.5989
	转移到Y	33	-142.42		124.24		806.06		981.82	
T_{12}	不转移到Y	16	287.5	0.7207	125	0.733	887.5	0.7707	1560.5	0.1464
	转移到Y	40	402.5		225		975		1065	
T_{13}	不转移到Y	7	1500	0.1057	-1071.43	0.5922	1185.71	0.2912	459.4	0.509
	转移到Y	49	657.14		812.24		757.14		173.64	
T_{14}	不转移到Y	8	1375	0.1633	1125	0.8667	750	0.8728	875	0.7927
	转移到Y	48	872.92		1056.25		812.5		997.917	
T_{15}	不转移到Y	9	1188.89	0.6726	1777.78	0.5553	900	0.7248	811.11	0.4842
	转移到Y	47	-1351.06		1519.15		1017.02		1095.74	

续表

	项目	数量	$G[X^{mn}]$		$O[Y^{mn}]$		$G[Y^{mn}]$		$O[Y^{mn}]$	
			平均	P	平均	P	平均	P	平均	P
T_{21}	不转移到 Y	9	-688.89	0.9474	-988.9	0.7457	411.111	0.5085	300	0.859
	转移到 Y	47	-663.83		-1157.4		208.511		217.021	
T_{22}	不转移到 Y	7	42.86	0.244	71.43	0.0255*	-471.43	0.0281*	-357.14	0.3775
	转移到 Y	49	-344.9		-873.47		130.61		55.1	
T_{23}	不转移到 Y	3	-500	0.6476	-133.33	0.6299	-166.67	0.9521	-33.333	0.9939
	转移到 Y	53	-213.21		-447.17		-228.3		-28.302	
T_{24}	不转移到 Y	5	160	0.6392	100	0.6446	-60	0.6292	-240	0.4827
	转移到 Y	51	11.765		-107.84		135.29		121.57	
T_{25}	不转移到 Y	6	450	0.8329	283.333	0.6893	150	0.4742	166.67	0.5726
	转移到 Y	50	354		170		-62		-100	
T_{31}	不转移到 Y	9	-1955.6	0.6828	-3077.8	0.1626	-1511.1	0.033*	-1788.9	0.1101
	转移到 Y	47	-1702.1		-1063.8		-657.4		-1106.4	
T_{32}	不转移到 Y	2	-1600	0.8771	-2200	0.8225	-950	0.7894	-1200	0.9984
	转移到 Y	54	-1227.8		-1950		-761.11		-1198.1	
T_{33}	不转移到 Y	2	-350	0.2554	-950	0.5131	-250	0.4982	-550	0.6976
	转移到 Y	54	-1350		-1622.2		-735.19		-1038.9	
T_{34}	不转移到 Y	6	-683.33	0.7091	-733.3	0.2828	366.67	0.0379*	-900	0.4759
	转移到 Y	50	-836		-1216		-842		-1298	
T_{35}	不转移到 Y	7	-642.86	0.8321	142.86	0.0038*	-585.71	0.7015	-1000	0.4247
	转移到 Y	49	-561.22		-802.04		-763.27		-1451	

注：框内的数值是由实验者 3 进行的从实验者 1 转移到实验者 2 的重新分配金额（如果是 -，则是对实验者 1 进行补偿；如果是 +，则是对实验者 1 进行惩罚）。

表 4-7　情况 *Y* 转移的比例（Part1）与重新分配金额的关系：苏州

	项目	数量	$G[X^{mn}]$		$O[Y^{mn}]$		$G[Y^{mn}]$		$O[Y^{mn}]$	
			平均	P	平均	P	平均	P	平均	P
T_{11}	不转移到 Y	22	-100	0.4487	-172.73	0.0158*	1181.82	0.8639	977.27	0.3035
	转移到 Y	36	-13.89		0		1150		1280.56	
T_{12}	不转移到 Y	8	337.5	0.8305	750	0.0811	1600	0.1902	1750	0.0062*
	转移到 Y	50	302		238		1084		1042	

续表

项目		数量	$G[X^{mn}]$ 平均	$G[X^{mn}]$ P	$O[Y^{mn}]$ 平均	$O[Y^{mn}]$ P	$G[Y^{mn}]$ 平均	$G[Y^{mn}]$ P	$O[Y^{mn}]$ 平均	$O[Y^{mn}]$ P
T_{13}	不转移到 Y	3	1100	0.2061	1000	0.3707	1366.67	0.4699	1500	0.3935
	转移到 Y	55	780		747.27		1105.45		1067.27	
T_{14}	不转移到 Y	0								
	转移到 Y	58	1260.34		1237.93		1177.59		1279.31	
T_{15}	不转移到 Y	3	1366.69	0.2903	1333.33	0.2426	1166.67	0.8502	1000	0.8622
	转移到 Y	55	1729.09		1818.18		1100		1072.73	
T_{21}	不转移到 Y	6	-1450	0.6035	-1250	0.6409	83.3333	0.7358	0	0.7231
	转移到 Y	52	-1275		-1392.3		40.3846		-53.846	
T_{22}	不转移到 Y	0								
	转移到 Y	58	-824.14		-793.1		-50		-32.759	
T_{23}	不转移到 Y	1	-1000	0.0909	-1000	0.043*	1700	<0.0001*	0	0.8877
	转移到 Y	57	-371.9		-377.2		49.1		87.7193	
T_{24}	不转移到 Y	0								
	转移到 Y	58	139.655		184.483		-39.655		-74.138	
T_{25}	不转移到 Y	1	500	0.9897	0	0.254	200	0.2481	0	0.8614
	转移到 Y	57	505.263		571.93		-50.88		-31.579	
T_{31}	不转移到 Y	7	-2142.9	0.8085	2285.7	0.9034	-714.3	0.1871	-785.7	0.5507
	转移到 Y	51	-2276.5		-2352.9		-1105.9		-1005.9	
T_{32}	不转移到 Y	0								
	转移到 Y	58	-1953.4		-2094.8		-1113.8		-1106.3	
T_{33}	不转移到 Y	1	-1500	0.9131	-2000	0.5386	-1800	0.3682	-1500	0.6839
	转移到 Y	57	-1580.7		-1328.1		-1243.9		-1228.1	
T_{34}	不转移到 Y	0								
	转移到 Y	58	-1108.6		-984.48		-1256.9		-1143.1	
T_{35}	不转移到 Y	6	-816.67	0.5406	-900	0.3547	-1216.7	0.7761	-1316.7	0.521
	转移到 Y	52	-642.31		-648.08		-1153.8		-1151.9	

注：框内的数值是由实验者 3 进行的从实验者 1 转移到实验者 2 的重新分配金额（如果是 -，则是对实验者 1 进行补偿；如果是 +，则是对实验者 1 进行惩罚）。

表 4-8　情况 Y 转移的比例（Part1）与重新分配金额的关系：宁夏

	项目	数量	$G[X^{mn}]$		$O[Y^{mn}]$		$G[Y^{mn}]$		$O[Y^{mn}]$	
			平均	P	平均	P	平均	P	平均	P
T_{11}	不转移到 Y	38	−28.95	0.2412	76.316	0.6296	1331.58	0.0754	1402.63	0.0999
	转移到 Y	18	−294.44		−66.667		811.11		944.44	
T_{12}	不转移到 Y	22	454.545	0.2152	704.545	0.6226	1272.73	0.4564	1409.9	0.3974
	转移到 Y	34	223.529		511.765		1073.53		1158.82	
T_{13}	不转移到 Y	10	730	0.366	940	0.9755	1140	0.7344	1500	0.5776
	转移到 Y	46	1008.7		930.435		1269.57		1258.7	
T_{14}	不转移到 Y	8	1137.5	0.5806	1237.5	0.7948	1237.5	0.9202	1500	0.7937
	转移到 Y	48	1312.5		1339.58		1270.83		1385.42	
T_{15}	不转移到 Y	10	1210	0.2121	1200	0.2389	1520	0.1767	1480	0.1557
	转移到 Y	46	1723.91		1604.35		932.61		1008.7	
T_{21}	不转移到 Y	16	−943.8	0.5161	−800	0.0423*	6.25	0.9488	156.25	0.554
	转移到 Y	40	−1190		−1540		−12.5		−5	
T_{22}	不转移到 Y	8	−1312.5	0.504	−675	0.5336	−325	0.2888	−62.5	0.6289
	转移到 Y	48	−1025		−979.17		41.67		139.58	
T_{23}	不转移到 Y	5	−700	0.6564	−100	0.2881	200	0.5863	0	0.7687
	转移到 Y	51	−496.08		−496.08		13.725		150.98	
T_{24}	不转移到 Y	6	−183.33	0.6865	183.333	0.7989	100	0.3549	383.33	0.2764
	转移到 Y	50	−44		86		−286		−44	
T_{25}	不转移到 Y	11	−190.91	0.0323*	227.173	0.2319	−536.36	0.109	−445.45	0.2291
	转移到 Y	45	575.56		488.889		−53.33		−13.33	
T_{31}	不转移到 Y	15	1893.3	0.1587	−2246.7	0.6113	−1146.7	0.558	−1066.7	0.4486
	转移到 Y	41	−2634.1		−2526.8		−1356.1		−1307.3	
T_{32}	不转移到 Y	9	−1166.7	0.1175	−1166.7	0.5249	−1433.3	0.5749	−844.4	0.4214
	转移到 Y	47	−2114.9		−2080.9		−1255.3		−1170.2	
T_{33}	不转移到 Y	3	−1566.7	0.9972	−1666.7	0.9706	−1500	0.8268	−1666.7	0.8086
	转移到 Y	53	−1564.2		−1637.7		−1337.7		−1496.2	
T_{34}	不转移到 Y	6	−1950	0.0949	−1150	0.708	−1100	0.7855	−800	0.384
	转移到 Y	50	−1254		−1304		−1226		−1274	
T_{35}	不转移到 Y	10	−570	0.2213	−610	0.2088	−680	0.038*	−750	0.0807
	转移到 Y	46	−1091.3		−934.78		−1567.4		−1369.6	

注：框内的数值是由实验者 3 进行的从实验者 1 转移到实验者 2 的重新分配金额（如果是 –，则是对实验者 1 进行补偿；如果是 +，则是对实验者 1 进行惩罚）。

变量的分析结果如表 4-9~ 表 4-11 所示，体现了京都产业大学、苏州大学、宁夏大学的实验参加者们在“你认为今天的实验参加者中有多少人会选择转移到 *Y*？”（Part1）中的推测和针对自己成为公平的第三方时的每个情况（*X* & *Y*）的重新分配金额（自己的意见和对其他人行动的推测）之间的相关性。

表 4-9　对其他人的行动的推测（Part1）与重新分配金额的关系：日本

	$G[X^{mn}]$			$O[Y^{mn}]$			$G[X^{mn}]$			$O[Y^{mn}]$		
	C	R^2	P	C	R^2	P	C	R^2	P	C	R^2	P
T_{11}	−19.6	0.02	0.297	19.44	0.0096	0.474	56.88	0.11	0.010*	24.67	0.0298	0.203
T_{12}	−2.40	0.0002	0.910	11.74	0.0068	0.546	25.21	0.03	0.202	−0.36	4.60e−6	0.988
T_{13}	35.07	0.0226	0.268	−0.59	7.61e−6	0.984	14.12	0.006	0.566	−1.11	2.56e−5	0.971
T_{14}	6.83	0.0025	0.713	−8.80	0.003	0.674	50.19	0.118	0.010*	21.90	0.016	0.358
T_{15}	−1.79	0.0001	0.934	−10.3	0.003	0.675	−25.5	0.035	0.166	−35.9	0.046	0.111
T_{21}	0.30	4.03e−6	0.988	17.15	0.007	0.541	11.73	0.009	0.479	22.72	0.0151	0.366
T_{22}	−48.4	0.143	0.004*	−9.34	0.003	0.680	31.74	0.088	0.027*	75.18	0.176	0.011*
T_{23}	12.81	0.005	0.616	20.05	0.0107	0.449	63.90	0.044	0.122	32.97	0.029	0.213
T_{24}	12.87	0.012	0.422	19.10	0.013	0.403	26.77	0.032	0.190	34.02	0.031	0.191
T_{25}	10.51	0.004	0.641	11.55	0.013	0.410	6.48	0.004	0.659	3.70	0.0005	0.875
T_{31}	1.33	2.72e−5	0.970	21.04	0.005	0.609	42.17	0.063	0.062	55.59	0.098	0.019
T_{32}	−41.6	0.003	0.693	16.97	0.005	0.622	−32.8	0.042	0.130	−8.49	0.002	0.761
T_{33}	14.66	0.004	0.629	102.8	0.158	0.003*	4.69	0.0007	0.849	78.28	0.061	0.066
T_{34}	−5.77	0.001	0.780	23.99	0.021	0.289	−19.2	0.008	0.520	35.21	0.029	0.208
T_{35}	−11.2	0.006	0.561	−18.4	0.022	0.279	−37.4	0.048	0.104	30.29	0.021	0.285

注：C 表示相关系数。

表 4-10　对其他人的行动的推测（Part1）与重新分配金额的关系：苏州

	$G[X^{mn}]$			$O[X^{mn}]$			$G[Y^{mn}]$			$O[Y^{mn}]$		
	C	R^2	P	C	R^2	P	C	R^2	P	C	R^2	P
T_{11}	3.99	0.016	0.341	−1.21	0.004	0.656	0.69	0.0002	0.92	−5.71	0.005	0.601

续表

	$G[X^{mn}]$			$O[X^{mn}]$			$G[Y^{mn}]$			$O[Y^{mn}]$		
	C	R^2	P	C	R^2	P	C	R^2	P	C	R^2	P
T_{12}	−5.59	0.025	0.235	−11.9	0.036	0.155	0.20	5.7e−6	0.986	−8.09	0.02	0.288
T_{13}	−6.37	0.024	0.246	−2.66	0.003	0.665	−12.8	0.0476	0.100	−7.17	0.008	0.515
T_{14}	6.95	0.0136	0.383	0.84	0.0001	0.930	−16.3	0.06	0.065	−14.5	0.020	0.288
T_{15}	0.72	0.0002	0.921	13.53	0.042	0.122	−12.6	0.051	0.089	−10.7	0.026	0.224
T_{21}	8.82	0.02	0.286	4.86	0.008	0.517	3.80	0.026	0.222	−1.97	0.005	0.598
T_{22}	−2.8	0.006	0.578	−5.98	0.01	0.490	0.83	0.001	0.782	2.16	0.006	0.570
T_{23}	9.53	0.054	0.079	5.24	0.024	0.250	5.90	0.029	0.202	1.20	0.0003	0.895
T_{24}	3.17	0.004	0.627	8.37	0.019	0.298	−1.17	0.003	0.696	1.64	0.004	0.646
T_{25}	7.49	0.044	0.112	7.58	0.03	0.195	−1.78	0.009	0.486	−0.39	0.0006	0.855
T_{31}	15.35	0.018	0.320	16.57	0.02	0.284	3.93	0.004	0.640	−4.67	0.004	0.652
T_{32}	−11.1	0.011	0.435	−6.8	0.005	0.611	4.97	0.005	0.604	−3.15	0.003	0.676
T_{33}	16.25	0.049	0.095	7.20	0.004	0.621	7.67	0.015	0.352	13.77	0.043	0.118
T_{34}	6.98	0.013	0.390	4.67	0.004	0.626	2.55	0.005	0.610	−3.27	0.002	0.714
T_{35}	13.20	0.065	0.054	13.85	0.078	0.034*	−0.32	6.4e−5	0.952	4.70	0.01	0.453

注：C 表示相关系数。

表 4–11　对其他人的行动的推测（Part1）与重新分配金额的关系：宁夏

	$G[X^{mn}]$			$O[X^{mn}]$			$G[Y^{mn}]$			$O[Y^{mn}]$		
	C	R^2	P	C	R^2	P	C	R^2	P	C	R^2	P
T_{11}	−31.3	0.079	0.036*	−29.8	0.042	0.129	−19.1	0.017	0.335	−7.19	0.003	0.703
T_{12}	−22.7	0.047	0.126	−17.2	0.006	0.582	−22.2	0.02	0.295	6.26	0.001	0.791
T_{13}	−0.65	1.95e−5	0.974	−18.2	0.015	0.364	−17.8	0.01	0.471	−31.5	0.023	0.261
T_{14}	26.83	0.036	0.163	34.72	0.039	0.144	12.47	0.007	0.54	31.3	0.025	0.240
T_{15}	34.18	0.037	0.156	1.58	0.0001	0.938	−29.6	0.025	0.246	−20.9	0.021	0.284
T_{21}	−17.3	0.008	0.526	−44.2	0.051	0.093	1.87	0.0001	0.929	−18.5	0.017	0.342

续表

	G [X^{mn}]			O [X^{mn}]			G [Y^{mn}]			O [Y^{mn}]		
	C	R^2	P	C	R^2	P	C	R^2	P	C	R^2	P
T_{22}	−14.8	0.006	0.556	−4.85	0.0005	0.865	−10.06	0.005	0.618	−26.0	0.021	0.238
T_{23}	16.46	0.011	0.442	7.35	0.003	0.675	−13.4	0.0131	0.401	−30.0	0.029	0.208
T_{24}	0.03	6.2e−8	0.999	−4.38	0.0009	0.827	−13.7	0.007	0.532	−8.59	0.003	0.678
T_{25}	30.61	0.033	0.177	−13.6	0.018	0.321	−6.68	0.002	0.726	−1.04	3.9e−5	0.963
T_{31}	−57.6	0.035	0.168	−26.8	0.007	0.539	−13.2	0.004	0.640	−23.1	0.016	0.357
T_{32}	−73.7	0.063	0.062	−76.5	0.06	0.069	−32.7	0.046	0.112	−39.0	0.040	0.139
T_{33}	−37	0.034	0.173	26.16	0.015	0.375	0.27	1.8e−6	0.992	1.16	3.5e−5	0.965
T_{34}	0.67	1.6e−5	0.977	−27	0.027	0.223	−12.8	0.005	0.610	−52.3	0.058	0.074
T_{35}	−24.9	0.015	0.361	−0.36	8.9e−6	0.983	−3.62	0.0003	0.897	−5.9	0.001	0.797

注：C 表示相关系数。

从结果看，两者之间并没有统计上有意义的差异，在本实验的验证范围内没有确认 Levine Hypothesis 的存在。

（三）平等意向（Outcome Hypothesis）与既得权尊重

在本书中，关于 15 个假想例子，在实施项目前的情况 X 和实施项目后的情况 Y 中，实验参加者们关于作为实验者 3 的重新分配，寻求了自己的意见（$O[X^{mn}]$ & $O[Y^{mn}]$）和对他人的行动进行了推测（$G[X^{mn}]$ & $G[Y^{mn}]$）。结果明确显示，日本及中国的 3 个实验会场的实验参加者对于所有的假想例子，有向该方向重新进行分配的倾向。

如图 4–3 所示，作为被实验者的行动，进行平等分配的比例最高。其次比例较高的分配方法虽然向平等的方向进行，但大小关系保持不变。也就是说，大多数人不管存在的不平等的理由为何，都喜欢将不平等的再分配缩小，但也并不希望不平等逆转（减少收入较大者的收入）。

在情况 X 和情况 Y 中，关于实验参加者作为第三方进行的重新分配，自己的意见（Opinion）和对他人的行动的预测（Guess），其结果如图 4–2~图 4–5 所示。在全部案例中，三所高校的实验结果都体现了平等分配意向和对既得权的尊重。

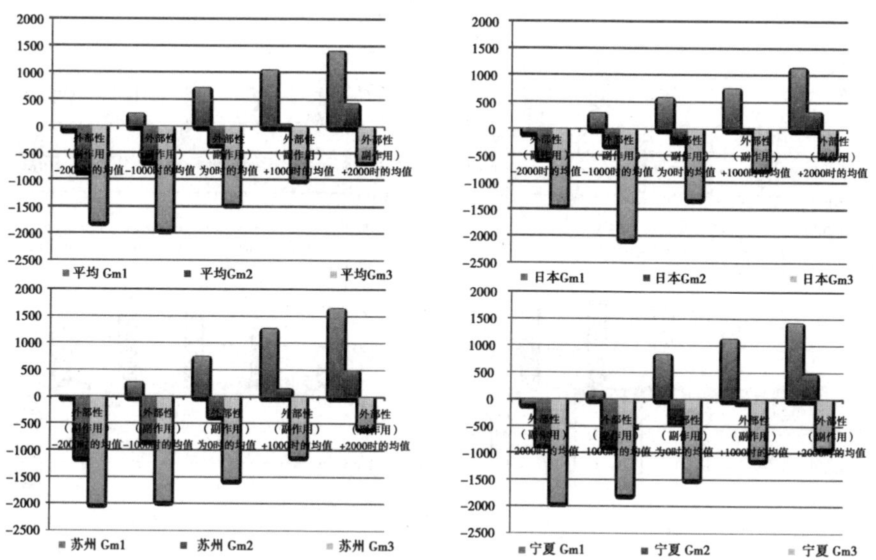

图 4-3　在情况 *X* 中的 Guess

注：由实验者 3 进行的从实验者 1 转移到实验者 2 的重新分配金额（如果是 -，则是对实验者 1 进行补偿；如果是 +，则是对实验者 1 进行惩罚）。

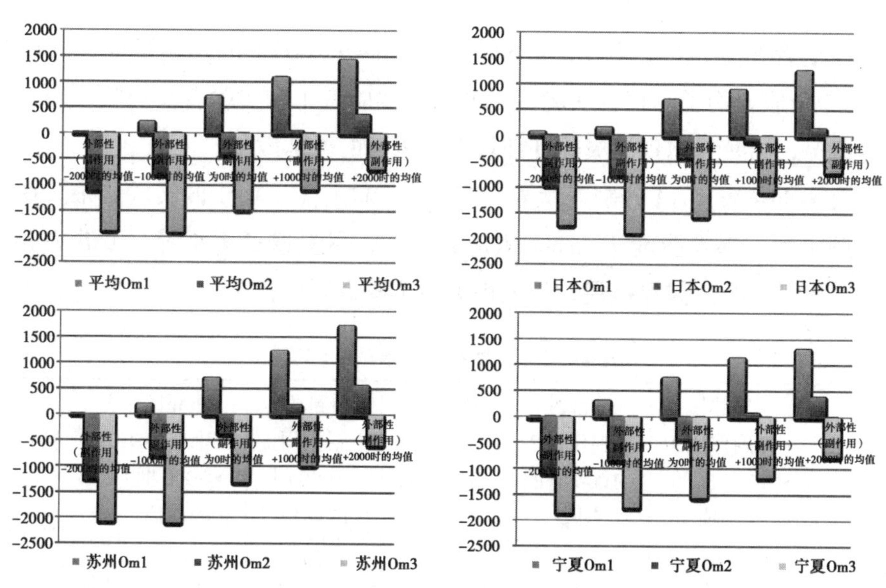

图 4-4　在情况 *X* 中的 Opinion

注：由实验者 3 进行的从实验者 1 转移到实验者 2 的重新分配金额（如果是 -，则是对实验者 1 进行补偿；如果是 +，则是对实验者 1 进行惩罚）。

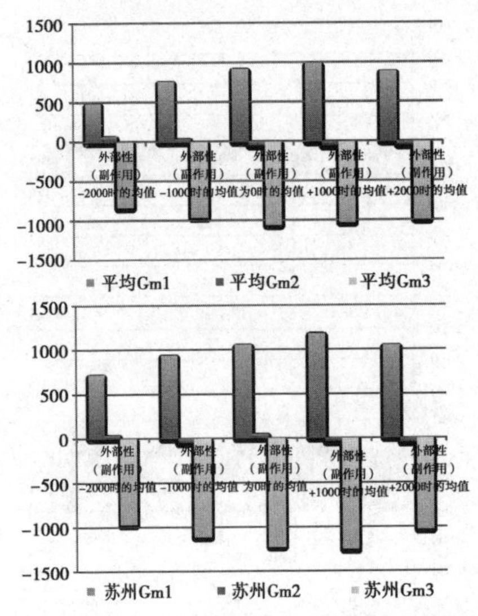

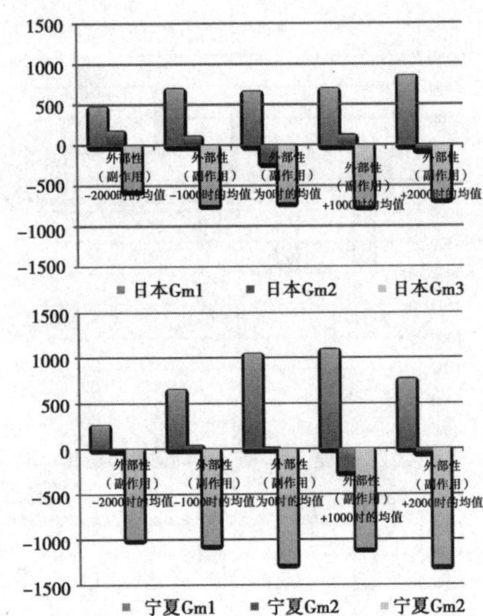

图 4-5　在情况 *Y* 中的 Guess

注：由实验者 3 进行的从实验者 1 转移到实验者 2 的重新分配金额（如果是 -，则是对实验者 1 进行补偿；如果是 +，则是对实验者 1 进行惩罚）。

二、在情况 *X* 和情况 *Y* 中的 Opinion 和 Guess 的相互比较

在笔者的实验中，与 Utikal 和 Fischbacher（2009）的实验不同，共计制作了 15 个假想例子。根据实验者 1 的选择实验者 1 和实验者 2 的收入趋于平等的情况，同时考虑到消极的外部效果和积极的外部效果。

表 4-12~ 表 4-14 分别表示 $G[Y^{mn}]$、$O[X^{mn}]$、$G[X^{mn}]$ 的实验结果。在所有的例子中，都未能确认 Knobe 效应的存在，尽量避免不平等，沿着平等的方向上进行分配，但保持最初的大小关系（尊重既得权）。

表 4-12　项目实验结果：$G[Y^{mn}]$

	外部性（副作用）-200 时的均值	外部性（副作用）-1000 时的均值	外部性（副作用）为 0 时的均值	外部性（副作用）+1000 时的均值	外部性（副作用）+2000 时的均值	合计（均值）
G^{m1} 京都	475	696	663	696	854	677
G^{m2} 京都	175	114	-216	123	-55	28
G^{m3} 京都	-552	-734	-709	-752	-668	-683
G^{m1} 苏州	714	934	1048	1178	1043	983

续表

	外部性（副作用）-200 时的均值	外部性（副作用）-1000 时的均值	外部性（副作用）为 0 时的均值	外部性（副作用）+1000 时的均值	外部性（副作用）+2000 时的均值	合计（均值）
G^{m2} 苏州	36	-50	48	-40	-50	-11
G^{m3} 苏州	-972	-1114	-1222	-1257	-1034	-1120
G^{m1} 银川	261	652	1043	1089	766	762
G^{m2} 银川	-9	36	13	-255	-43	-52
G^{m3} 银川	-993	-1054	-1266	-1095	-1288	-1139
G^{m1} 平均	483	761	918	988	888	807
G^{m2} 平均	67	33	-52	-57	-49	-12
G^{m3} 平均	-839	-967	-1066	-1035	-997	-981

注：框内的数值是由实验者 3 进行的从实验者 1 转移到实验者 2 的重新分配金额（如果是 -，则是对实验者 1 进行补偿；如果是 +，则是对实验者 1 进行惩罚）。

表 4-13　项目实验结果：$O[X^{mn}]$

	外部性（副作用）-2000 时的均值	外部性（副作用）-1000 时的均值	外部性（副作用）为 0 时的均值	外部性（副作用）+1000 时的均值	外部性（副作用）+2000 时的均值	合计（均值）
O^{m1} 京都	73	161	711	905	1275	625
O^{m2} 京都	-971	-764	-423	-98	152	-421
O^{m3} 京都	-1732	-1880	-1564	-1086	-702	-1393
O^{m1} 苏州	0	205	709	1238	1724	775
O^{m2} 苏州	-1248	-793	-371	184	562	-333
O^{m3} 苏州	-2069	-2095	-1305	-984	-581	-1407
O^{m1} 银川	-21	311	764	1148	1318	704
O^{m2} 银川	-1100	-839	-452	77	393	-384
O^{m3} 银川	-1850	-1746	-1550	-1164	-768	-1416
O^{m1} 平均	17	226	728	1097	1439	701
O^{m2} 平均	-1107	-799	-415	54	369	-379
O^{m3} 平均	-1884	-1907	-1473	-1078	-684	-1405

注：框内的数值是由实验者 3 进行的从实验者 1 转移到实验者 2 的重新分配金额（如果是 -，则是对实验者 1 进行补偿；如果是 +，则是对实验者 1 进行惩罚）。

表 4–14　项目实验结果：G［X^{mn}］

	外部性（副作用）-2000 时的均值	外部性（副作用）-1000 时的均值	外部性（副作用）为 0 时的均值	外部性（副作用）+1000 时的均值	外部性（副作用）+2000 时的均值	合计（均值）
G^{m1} 京都	-84	288	575	748	1134	532
G^{m2} 京都	-557	-302	-202	11	316	-147
G^{m3} 京都	-1429	-2052	-1302	-746	-491	-1204
G^{m1} 苏州	-9	260	740	1260	1640	778
G^{m2} 苏州	-1143	-824	-366	140	497	-339
G^{m3} 苏州	-2002	-1953	-1553	-1109	-576	-1439
G^{m1} 银川	-95	136	829	1125	1416	682
G^{m2} 银川	-850	-879	-452	-39	463	-351
G^{m3} 银川	-1929	-1775	-1480	-1120	-896	-1440
G^{m1} 平均	-62	228	714	1045	1397	664
G^{m2} 平均	-850	-668	-340	37	425	-279
G^{m3} 平均	-1786	-1927	-1445	-992	-654	-1361

注：框内的数值是由实验者 3 进行的从实验者 1 转移到实验者 2 的重新分配金额（如果是 -，则是对实验者 1 进行补偿；如果是 +，则是对实验者 1 进行惩罚）。

在本书中，笔者假想了两种情况 X 和 Y，并针对每种情况设置了 Guess 和 Opinion 的问题。这四种回答可以被认为是相互关联的。情况 X 中的 O［X^{mn}］和 G［X^{mn}］和情况 Y 中的 O［Y^{mn}］和 G［Y^{mn}］，并且，在 Opinion 之间的 O［X^{mn}］和 O［Y^{mn}］，在 Guess 间的 G［X^{mn}］和 G［Y^{mn}］，结果分别如表 4–15~ 表 4–18 所示。从表 4–15~ 表 4–16 看，在情况 X 中的 O［X^{mn}］和 G［X^{mn}］以及情况 Y 中的 O［Y^{mn}］和 G［Y^{mn}］之间并没有太有意义的差异。从表 4–17 和表 4–18 看，在 Opinion 间的 O［X^{mn}］和 O［Y^{mn}］以及在 Guess 间的 G［X^{mn}］和 G［Y^{mn}］，它们之间并没有统计上有意义的差异。也就是说，在“side effect+1000’s”的情况下，关于在情况 X 和情况 Y 中的重新分配的意见（Opinion）和对其他人的行动的预测并无太大差异。在情况 X 中，实验者 1 和实验者 2 的收入之差的设置是第 1 行“0、1000、2000、3000、4000”，第 2 行“-3000、-2000、1000”，第 3 行“-6000、-5000、-4000、-3000、-2000”。

在情况 *Y* 中，实验者 1 和实验者 2 的报酬金额之差的设置是按行固定的，第 1 行全部为“3000”，第 2 行为“0”，第 3 行为“–3000”①。在这 15 个事例中，只有在第 4 列“外部性（副作用）+1000's”处，情况 X 和情况 Y 的收入差是保持一致的。在表 4–17 和表 4–18 中，只有第 4 列“外部性（副作用）+1000's”在大多数情况下没有出现有意义的结果。即：从情况 *X* 到情况 *Y* 的主体行动（副作用的行为）的本身并没有对行为人的评价产生太大影响。Urs 和 Fichbacher（2009）中，并没有针对该行为评价的验证。从这个意义上说，这可以说是本书的独有成果之一。

表 4–15　在情况 *X* 中的自己的意见与其他人的行动的预测的比较：$O\ [X^{mn}]$ vs. $G\ [X^{mn}]$

	外部性（副作用）–2000 时的均值	外部性（副作用）–1000 时的均值	外部性（副作用）为 0 时的均值	外部性（副作用）+1000 时的均值	外部性（副作用）+2000 时的均值
京都	0.2429	0.1121	0.8801	0.4916	0.1995
苏州	0.8348	0.2647	0.5012	0.7857	0.2247
宁夏	0.3315	0.4961	0.5055	0.7445	0.9115
京都	0.0048	0.0017	0.0498	0.3485	0.0131
苏州	0.3503	0.7114	0.8715	0.3105	0.1755
宁夏	0.8339	0.1231	0.9494	0.0988	0.906
京都	0.0602	0.149	0.1427	0.0077	0.0902
苏州	0.4617	0.1734	0.2019	0.3559	0.7671
宁夏	0.7384	0.8913	0.6723	0.7025	0.8208

注：利用威尔科克森符号秩检验，将“两者没有差异”作为解消假设，将“有差异”作为对立假设进行检验。框内的数值是解消假设成立的概率。

① 该值用于表示 Player1–Player2 的差。

表 4-16　在情况 Y 中自己的意见与其他人的行为的预测的比较：$O[Y^{mn}]$ vs. $G[Y^{mn}]$

	外部性（副作用）-2000 时的均值	外部性（副作用）-1000 时的均值	外部性（副作用）为 0 时的均值	外部性（副作用）+1000 时的均值	外部性（副作用）+2000 时的均值
京都	0.2278	0.0692	0.0051	0.2899	0.4631
苏州	0.7893	0.5103	0.6922	0.6455	0.6396
宁夏	0.729	0.6552	0.7521	0.3066	0.8967
京都	0.1284	0.788	0.6128	0.1325	0.4288
苏州	0.0853	0.2407	0.6366	0.4385	0.6978
宁夏	0.7568	0.2108	0.6283	0.0871	0.589
京都	0.0168	0.0131	0.0454	0.0011	0.0002
苏州	0.8643	0.6813	0.6706	0.5765	0.698
宁夏	0.7891	0.0694	0.7038	0.5311	0.3596

注：利用威尔科克森符号秩检验，将“两者没有差异”作为解消假设，将“有差异”作为对立假设进行检验。框内的数值是解消假设成立的概率。

表 4-17　在情况 X 和情况 Y 下自己的意见的比较：$O[X^{mn}]$ vs. $O[Y^{mn}]$

	外部性（副作用）-2000 时的均值	外部性（副作用）-1000 时的均值	外部性（副作用）为 0 时的均值	外部性（副作用）+1000 时的均值	外部性（副作用）+2000 时的均值
京都	<0.0001	<0.0001	<0.0001	0.4806	<0.0001
苏州	<0.0001	<0.0001	<0.0001	0.1581	<0.0001
宁夏	<0.0001	<0.0001	<0.0001	0.2371	<0.0001
京都	<0.0001	<0.0001	<0.0001	0.6592	<0.0001
苏州	<0.0001	<0.0001	<0.0001	<0.0001	<0.0001
宁夏	<0.0001	<0.0001	<0.0001	0.2365	<0.0001
京都	<0.0001	<0.0001	<0.0001	0.7124	<0.0001
苏州	<0.0001	<0.0001	0.0069	0.033	<0.0001
宁夏	<0.0001	<0.0001	0.0048	0.1986	<0.0001

注：利用威尔科克森符号秩检验，将“两者没有差异”作为解消假设，将“有差异”作为对立假设进行检验。框内的数值是解消假设成立的概率。

表 4-18　在情况 X 和情况 Y 下自己的意见的比较：$G[X^{mn}]$ vs. $G[Y^{mn}]$

	外部性（副作用）-2000 时的均值	外部性（副作用）-1000 时的均值	外部性（副作用）为 0 时的均值	外部性（副作用）+1000 时的均值	外部性（副作用）+2000 时的均值
京都	<0.0001	<0.0001	0.0305	0.2393	0.0019
苏州	<0.0001	<0.0001	<0.0001	0.2009	<0.0001
宁夏	<0.0001	<0.0001	<0.0001	0.9903	<0.0001
京都	<0.0001	<0.0001	0.0222	0.2306	<0.0001
苏州	<0.0001	<0.0001	<0.0001	0.0009	<0.0001
宁夏	<0.0001	<0.0001	<0.0001	0.257	<0.0001
京都	<0.0001	<0.0001	<0.0001	0.1055	0.0399
苏州	<0.0001	<0.0001	0.0001	0.0257	<0.0001
宁夏	<0.0001	<0.0001	0.0015	0.2665	<0.0001

注：利用威尔科克森符号秩检验，将“两者没有差异”作为解消假设，将“有差异”作为对立假设进行检验。框内的数值是解消假设成立的概率。

三、Opinion 和 Guess 的不同

对于两者间的比较如表 4-19 和图 4-6 所示。在 Opinion 中，平等意向最高，第二个是“虽然进行了部分调整，但是达不到平等”。在 Guess 中，虽然平等的比例稍微减少，但“虽然进行了部分调整，但是达不到平等”的比例增加。

表 4-19　项目实验结果

单位：%

	少的一方进一步减少（<0）	保持不动（=0）	虽然进行了部分调整，但是达不到平等（>0，<1）	平等（=1）	减少多的一方（>1）
Omn 京都	6.8	15.8	17.1	50.2	10.0
Gmn 京都	15.0	9.0	37.1	29.7	9.2
Omn 苏州	3.1	13.9	17.0	59.2	6.7
Gmn 苏州	4.6	5.1	33.4	49.3	7.6

续表

	少的一方进一步减少（<0）	保持不动（=0）	虽然进行了部分调整，但是达不到平等（>0，<1）	平等（=1）	减少多的一方（>1）
Omn 银川	5.5	7.5	22.6	52.4	12.0
Gmn 银川	6.3	4.7	24.5	51.1	13.4
Omn 平均	5.1	12.4	18.9	54.0	9.6
Gmn 平均	8.6	6.3	31.7	43.4	10.0

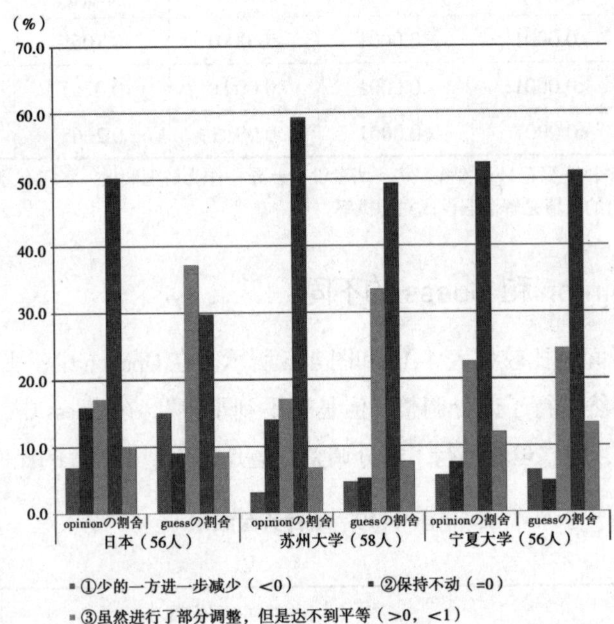

图 4-6　中日之间的比较

四、中日之间的比较

在日本和中国设置了 3 个实验会场，向每一个实验参加者询问了对于 15 个金钱上的假想例子中每个人的意见 O^{mn} 和预想 G^{mn}。

在日本和中国（苏州和宁夏）设置的 3 个实验会场中，对于 Opinion 和 Guess 的所有问题，超过半数的人提出了平等或者“虽然进行了部分调整，但是达不到平等”的分配方案。

但是，在日本的Opinion中，平等意向最高，而在Guess中，“虽然进行了部分调整，但是达不到平等”的比例最高。在中国（苏州和宁夏），无论是在Opinion还是在Guess中，平等意向都是最高，第二是“虽然进行了部分调整，但是达不到平等”。

第六节　结　论

Utikal和Fischbacher（2009）的实验结果肯定了Outcome Hypothesis和Levine Hypothesis理论，否定了Knobe效应的存在。在笔者的实验中，证实了Outcome Hypothesis理论，但没有观察到Levine Hypothesis和Knobe效应（见表4-20）。

表4-20　项目实验结果

单位：%

	少的一方进一步减少（<0）		保持不动（=0）		虽然进行了部分调整，但是达不到平等（>0，<1）		平等（=1）		减少多的一方（>1）	
	X	Y	X	Y	X	Y	X	Y	X	Y
Omn京都	7	6	17	15	14	21	54	46	8	12
Gmn京都	15	13	9	9	33	44	34	24	10	9
Omn苏州	3	3	14	14	15	20	61	57	7	6
Gmn苏州	5	4	5	5	32	36	50	48	8	7
Omn宁夏	6	5	8	7	19	27	55	48	11	13
Gmn宁夏	7	6	5	4	22	28	53	49	13	14

反之，如果很多人都给予了负面的副作用（外部性），那么其行为就不会被认为是特别应该受到惩罚的。

关于自己的意见（Openion）和对其他人行动的推测（Guess）之间的不同，则有多种意见。Vandello、Cohen和Ransom向美国南部和北部出生的人们询问了如果让某人阅读关于被其他人瞧不起的剧本，在这种场合中，你认为自己会有什么感觉，你认为其他人会有什么感觉？其结果是，在被瞧不起的场合中，就自己感到愤怒的程度而言，在美国南部和北部的人们间并没有发现差异，但他们对其他人将会展开的行动预想中发现了南北差异。也就是说，美国南部的人们比美国北部的人们更加认为其他人在这种场合会感受到强烈的愤怒情绪，并做出攻击性的反应。在上述预测中，体现出美国南部和北部的人们的差异，其差异并不在于根据他们自身偏好的攻击倾向，而在于认为周围的人对于侮辱行为会采取攻击性行动的信念。

在本书中（见表 4–21~ 表 4–24），所有的实验参加者都成为公平的第三方，关于每个情况探讨对重新分配自己的意见（Opinion）和对其他人行动的推测（Guess）的结果，并确认了自己的意见和对其他人行动的推测具有相同的倾向，但对其他人行动的推测比自己的意见的平等意向的强度减少，既得利的尊重（虽然进行了调整，但是达不到平等）增加。为何对其他人的行动的推测和自己的意见会有所不同呢？可以考虑到的是，在叙述自己的意见时，回答者并未认真作答。但获得金钱上的激励，对其他人的行动进行推测时，回答者进行了认真作答。也就是说，酬金系统发挥了其作用。此外，回答者针对其他人行动的推测和自己的意见两方面全部都进行了认真作答。但是，周围人们的推测比自己做判断更为严格。也就是说，自己想要尽可能地平等分配，但周围人们是考虑到实验者 1 和实验者 2 所拥有的收入分配而推测出来的。在本书实验中，为了激励实验参加者们对其他人的行动进行推测，在酬金系统中导入了凯恩斯的美人投票理论。作为今后的课题，可以考虑为了区分凯恩斯的美人投票理论和酬金系统的影响进行验证，在下次的实验中，有必要将这一点“在固定酬金系统下推测他人的选择”，与本书进行比较。

表 4-21　在情况 *X* 中的 Guess

B		*j*=1			*j*=2			*j*=3			*j*=4			*j*=5			total		
	区域	日本	苏州	宁夏	日本	苏州	宁夏	日本	苏州	宁夏	日本	苏州	宁夏	日本	苏州	宁夏	日本	苏州	宁夏
i=1	①赚得少的调整得更少（<0）	0	0	0	8	8	5	7	0	2	6	1	2	6	0	4	27	9	13
		0.0%	0.0%	0.0%	14.3%	13.8%	8.9%	12.5%	0.0%	3.6%	10.7%	1.7%	3.6%	10.7%	0.0%	7.1%	9.6%	3.1%	4.6%
	②保持现有分配不变（=0）	0	0	0	5	6	6	3	7	3	2	3	2	4	2	1	14	18	12
		0.0%	0.0%	0.0%	8.9%	10.3%	10.7%	5.4%	12.1%	5.4%	3.6%	5.2%	3.6%	7.1%	3.4%	1.8%	5.0%	6.2%	4.3%
	③会调整一下，但不会调整到平均的程度（>0，<1）	7	9	11	15	13	6	14	18	9	23	19	18	20	19	17	79	78	61
		12.5%	15.5%	19.6%	26.8%	22.4%	10.7%	25.0%	31.0%	16.1%	41.1%	32.8%	32.1%	35.7%	32.8%	30.4%	28.2%	26.9%	21.8%
	④平均分配（=1）	33	40	36	19	28	34	25	28	31	21	30	27	19	36	28	117	162	156
		58.9%	69.0%	64.3%	33.9%	48.3%	60.7%	44.6%	48.3%	55.4%	37.5%	51.7%	48.2%	33.9%	62.1%	50.0%	41.8%	55.9%	55.7%
	⑤赚得多的调整得少	16	9	9	9	3	5	7	5	11	4	5	7	7	1	6	43	23	38
		28.6%	15.5%	16.1%	16.1%	5.2%	8.9%	12.5%	8.6%	19.6%	7.1%	8.6%	12.5%	12.5%	1.7%	10.7%	15.4%	7.9%	13.6%

续表

B		j=1			j=2			j=3			j=4			j=5			total		
	区域	日本	苏州	宁夏	日本	苏州	宁夏	日本	苏州	宁夏	日本	苏州	宁夏	日本	苏州	宁夏	日本	苏州	宁夏
i=2	①赚得少的调整得更少（<0）	12	2	6	14	1	3	18	4	4	0	0	0	3	1	6	47	8	19
		21.4%	3.4%	10.7%	25.0%	1.7%	5.4%	32.1%	6.9%	7.1%	0.0%	0.0%	0.0%	5.4%	1.7%	10.7%	16.8%	2.8%	6.8%
	②保持现有分配不变（=0）	4	1	1	10	2	1	10	7	8	0	0	0	6	3	3	30	13	13
		7.1%	1.7%	1.8%	17.9%	3.4%	1.8%	17.9%	12.1%	14.3%	0.0%	0.0%	0.0%	10.7%	5.2%	5.4%	10.7%	4.5%	4.6%
	③会调整一下，但不会调整到平均的程度（>0，<1）	21	19	14	11	19	8	7	10	3	6	2	13	13	12	3	58	62	41
		37.5%	32.8%	25.0%	19.6%	32.8%	14.3%	12.5%	17.2%	5.4%	10.7%	3.4%	23.2%	23.2%	20.7%	5.4%	20.7%	21.4%	14.6%
	④平均分配（=1）	16	29	31	20	29	34	13	31	32	32	40	34	25	34	35	106	163	166
		28.6%	50.0%	55.4%	35.7%	50.0%	60.7%	23.2%	53.4%	57.1%	57.1%	69.0%	60.7%	44.6%	58.6%	62.5%	37.9%	56.2%	59.3%
	⑤赚得多的调整得少	3	7	4	1	7	10	8	6	9	18	16	9	9	8	9	39	44	41
		5.4%	12.1%	7.1%	1.8%	12.1%	17.9%	14.3%	10.3%	16.1%	32.1%	27.6%	16.1%	16.1%	13.8%	16.1%	13.9%	15.2%	14.6%
i=3	①赚得少的调整得更少（<0）	7	2	5	5	3	4	8	2	4	9	5	1	11	6	3	40	18	17
		12.5%	3.4%	8.9%	8.9%	5.2%	7.1%	14.3%	3.4%	7.1%	16.1%	8.6%	1.8%	19.6%	10.3%	5.4%	14.3%	6.2%	6.1%

续表

B		j=1			j=2			j=3			j=4			j=5			total		
	区域	日本	苏州	宁夏	日本	苏州	宁夏	日本	苏州	宁夏	日本	苏州	宁夏	日本	苏州	宁夏	日本	苏州	宁夏
i=3	②保持现有分配不变（=0）	3	1	1	6	1	2	3	2	2	1	2	4	7	4	2	20	10	11
		5.4%	1.7%	1.8%	10.7%	1.7%	3.6%	5.4%	3.4%	3.6%	1.8%	3.4%	7.1%	12.5%	6.9%	3.6%	7.1%	3.4%	3.9%
	③会调整一下，但不会调整到平均的程度（>0，<1）	24	24	18	27	25	19	18	23	19	29	19	18	13	18	10	111	109	84
		42.9%	41.4%	32.1%	48.2%	43.1%	33.9%	32.1%	39.7%	33.9%	51.8%	32.8%	32.1%	23.2%	31.0%	17.9%	39.6%	37.6%	30.0%
	④平均分配（=1）	20	28	25	12	25	23	22	27	28	13	27	24	22	26	34	89	133	134
		35.7%	48.3%	44.6%	21.4%	43.1%	41.1%	39.3%	46.6%	50.0%	23.2%	46.6%	42.9%	39.3%	44.8%	60.7%	31.8%	45.9%	47.9%
	⑤赚得多的调整得少	2	3	7	6	4	8	5	4	3	4	5	9	3	4	7	20	20	34
		3.6%	5.2%	12.5%	10.7%	6.9%	14.3%	8.9%	6.9%	5.4%	7.1%	8.6%	16.1%	5.4%	6.9%	12.5%	7.1%	6.9%	12.1%
total	①赚得少的调整得更少（<0）	19	4	11	27	12	12	33	6	10	15	6	3	20	7	13	114	35	49
		11.3%	2.3%	6.5%	16.1%	6.9%	7.1%	19.6%	3.4%	6.0%	8.9%	3.4%	1.8%	11.9%	4.0%	7.7%	13.6%	4.0%	5.8%
	②保持现有分配不变（=0）	7	2	2	21	9	9	16	16	13	3	5	6	17	9	6	64	41	36
		4.2%	1.1%	1.2%	12.5%	5.2%	5.4%	9.5%	9.2%	7.7%	1.8%	2.9%	3.6%	10.1%	5.2%	3.6%	7.6%	4.7%	4.3%

续表

B		*j*=1			*j*=2			*j*=3			*j*=4			*j*=5			total		
	区域	日本	苏州	宁夏	日本	苏州	宁夏	日本	苏州	宁夏	日本	苏州	宁夏	日本	苏州	宁夏	日本	苏州	宁夏
total	③会调整一下，但不会调整到平均的程度（>0，<1）	52	52	43	53	57	33	39	51	31	58	40	49	46	49	30	248	249	186
		31.0%	29.9%	25.6%	31.5%	32.8%	19.6%	23.2%	29.3%	18.5%	34.5%	23.0%	29.2%	27.4%	28.2%	17.9%	29.5%	28.6%	22.1%
	④平均分配（=1）	69	97	92	51	82	91	60	86	91	66	97	85	66	96	97	312	458	456
		41.1%	55.7%	54.8%	30.4%	47.1%	54.2%	35.7%	49.4%	54.2%	39.3%	55.7%	50.6%	39.3%	55.2%	57.7%	37.1%	52.6%	54.3%
	⑤赚得多的调整得少	21	19	20	16	14	23	20	15	23	26	26	25	19	13	22	102	87	113
		12.5%	10.9%	11.9%	9.5%	8.0%	13.7%	11.9%	8.6%	13.7%	15.5%	14.9%	14.9%	11.3%	7.5%	13.1%	12.1%	10.0%	13.5%

表 4-22　在情况 *X* 中的 Opinion

β		*j*=1			*j*=2			*j*=3			*j*=4			*j*=5			total		
	区域	日本	苏州	宁夏	日本	苏州	宁夏	日本	苏州	宁夏	日本	苏州	宁夏	日本	苏州	宁夏	日本	苏州	宁夏
i=1	①赚得少的调整得更少（<0）	0	0	0	6	6	5	4	0	1	4	1	2	3	0	4	17	7	12
		0.0%	0.0%	0.0%	10.7%	10.3%	8.9%	7.1%	0.0%	1.8%	7.1%	1.7%	3.6%	5.4%	0.0%	7.1%	6.1%	2.4%	4.3%
	②保持现有分配不变（=0）	0	0	0	14	14	9	9	13	5	9	4	2	9	4	3	41	35	19
		0.0%	0.0%	0.0%	25.0%	24.1%	16.1%	16.1%	22.4%	8.9%	16.1%	6.9%	3.6%	16.1%	6.9%	5.4%	14.6%	12.1%	6.8%

续表

β		j=1			j=2			j=3			j=4			j=5			total		
	区域	日本	苏州	宁夏	日本	苏州	宁夏	日本	苏州	宁夏	日本	苏州	宁夏	日本	苏州	宁夏	日本	苏州	宁夏
i=1	③会调整一下，但不会调整到平均的程度（>0，<1）	5	7	9	4	3	6	3	7	7	10	13	17	7	9	13	29	39	52
		8.9%	12.1%	16.1%	7.1%	5.2%	10.7%	5.4%	12.1%	12.5%	17.9%	22.4%	30.4%	12.5%	15.5%	23.2%	10.4%	13.4%	18.6%
	④平均分配（=1）	44	49	33	29	34	28	33	35	38	28	35	28	31	42	33	165	195	160
		78.6%	84.5%	58.9%	51.8%	58.6%	50.0%	58.9%	60.3%	67.9%	50.0%	60.3%	50.0%	55.4%	72.4%	58.9%	58.9%	67.2%	57.1%
	⑤赚得多的调整得少	7	2	14	3	1	8	7	3	5	5	5	7	6	3	3	28	14	37
		12.5%	3.4%	25.0%	5.4%	1.7%	14.3%	12.5%	5.2%	8.9%	8.9%	8.6%	12.5%	10.7%	5.2%	5.4%	10.0%	4.8%	13.2%
i=2	①赚得少的调整得更少（<0）	4	0	2	4	1	3	3	2	3	0	0	0	6	1	5	17	4	13
		7.1%	0.0%	3.6%	7.1%	1.7%	5.4%	5.4%	3.4%	5.4%	0.0%	0.0%	0.0%	10.7%	1.7%	8.9%	6.1%	1.4%	4.6%
	②保持现有分配不变（=0）	8	6	4	9	7	5	13	12	10	0	0	0	13	5	4	43	30	23
		14.3%	10.3%	7.1%	16.1%	12.1%	8.9%	23.2%	20.7%	17.9%	0.0%	0.0%	0.0%	23.2%	8.6%	7.1%	15.4%	10.3%	8.2%

续表

β		j=1			j=2			j=3			j=4			j=5			total		
	区域	日本	苏州	宁夏	日本	苏州	宁夏	日本	苏州	宁夏	日本	苏州	宁夏	日本	苏州	宁夏	日本	苏州	宁夏
i=2	③会调整一下，但不会调整到平均的程度（>0，<1）	10	11	15	7	7	9	3	3	6	3	1	9	3	2	2	26	24	41
		17.9%	19.0%	26.8%	12.5%	12.1%	16.1%	5.4%	5.2%	10.7%	5.4%	1.7%	16.1%	5.4%	3.4%	3.6%	9.3%	8.3%	14.6%
	④平均分配（=1）	26	32	30	30	38	32	33	37	29	48	44	34	33	43	37	170	194	162
		46.4%	55.2%	53.6%	53.6%	65.5%	57.1%	58.9%	63.8%	51.8%	85.7%	75.9%	60.7%	58.9%	74.1%	66.1%	60.7%	66.9%	57.9%
	⑤赚得多的调整得少	8	9	5	6	5	7	4	4	8	5	13	13	1	7	8	24	38	41
		14.3%	15.5%	8.9%	10.7%	8.6%	12.5%	7.1%	6.9%	14.3%	8.9%	22.4%	23.2%	1.8%	12.1%	14.3%	8.6%	13.1%	14.6%
i=3	①赚得少的调整得更少（<0）	5	1	4	4	1	5	4	3	5	3	6	1	3	4	2	19	15	17
		8.9%	1.7%	7.1%	7.1%	1.7%	8.9%	7.1%	5.2%	8.9%	5.4%	10.3%	1.8%	5.4%	6.9%	3.6%	6.8%	5.2%	6.1%
	②保持现有分配不变（=0）	5	5	2	5	6	3	9	10	3	7	7	6	11	9	3	37	37	17

续表

β	区域	j=1			j=2			j=3			j=4			j=5			total		
		日本	苏州	宁夏	日本	苏州	宁夏	日本	苏州	宁夏	日本	苏州	宁夏	日本	苏州	宁夏	日本	苏州	宁夏
i=3		8.9%	8.6%	3.6%	8.9%	10.3%	5.4%	16.1%	17.2%	5.4%	12.5%	12.1%	10.7%	19.6%	15.5%	5.4%	13.2%	12.8%	6.1%
	③会调整一下，但不会调整到平均的程度（>0，<1）	13	14	13	17	14	18	9	12	11	11	10	15	5	7	9	55	57	66
		23.2%	24.1%	23.2%	30.4%	24.1%	32.1%	16.1%	20.7%	19.6%	19.6%	17.2%	26.8%	8.9%	12.1%	16.1%	19.6%	19.7%	23.6%
	④平均分配（=1）	29	32	33	25	29	23	29	32	31	30	32	24	35	37	38	148	162	149
		51.8%	55.2%	58.9%	44.6%	50.0%	41.1%	51.8%	55.2%	55.4%	53.6%	55.2%	42.9%	62.5%	63.8%	67.9%	52.9%	55.9%	53.2%
	⑤赚得多的调整得少	4	6	4	5	8	7	5	1	6	5	3	10	2	1	4	21	19	31
		7.1%	10.3%	7.1%	8.9%	13.8%	12.5%	8.9%	1.7%	10.7%	8.9%	5.2%	17.9%	3.6%	1.7%	7.1%	7.5%	6.6%	11.1%
total	①赚得少的调整得更少（<0）	9	1	6	14	8	13	11	5	9	7	7	3	12	5	11	53	26	42
		5.4%	0.6%	3.6%	8.3%	4.6%	7.7%	6.5%	2.9%	5.4%	4.2%	4.0%	1.8%	7.1%	2.9%	6.5%	6.3%	3.0%	5.0%
	②保持现有分配不变（=0）	13	11	6	28	27	17	31	35	18	16	11	8	33	18	10	121	102	59
		7.7%	6.3%	3.6%	16.7%	15.5%	10.1%	18.5%	20.1%	10.7%	9.5%	6.3%	4.8%	19.6%	10.3%	6.0%	14.4%	11.7%	7.0%

续表

β		j=1			j=2			j=3			j=4			j=5			total		
	区域	日本	苏州	宁夏	日本	苏州	宁夏	日本	苏州	宁夏	日本	苏州	宁夏	日本	苏州	宁夏	日本	苏州	宁夏
total	③会调整一下，但不会调整到平均的程度（>0，<1）	28	32	37	28	24	33	15	22	24	24	24	41	15	18	24	110	120	159
		16.7%	18.4%	22.0%	16.7%	13.8%	19.6%	8.9%	12.6%	14.3%	14.3%	13.8%	24.4%	8.9%	10.3%	14.3%	13.1%	13.8%	18.9%
	④平均分配（=1）	99	113	96	84	101	83	95	104	98	106	111	86	99	122	108	483	551	471
		58.9%	64.9%	57.1%	50.0%	58.0%	49.4%	56.5%	59.8%	58.3%	63.1%	63.8%	51.2%	58.9%	70.1%	64.3%	57.5%	63.3%	56.1%
	⑤赚得多的调整得少	19	17	23	14	14	22	16	8	19	15	21	30	9	11	15	73	71	109
		11.3%	9.8%	13.7%	8.3%	8.0%	13.1%	9.5%	4.6%	11.3%	8.9%	12.1%	17.9%	5.4%	6.3%	8.9%	8.7%	8.2%	13.0%

表 4-23 在情况 *Y* 中的 Guess

C		*j*=1			*j*=2			*j*=3			*j*=4			*j*=5			total		
	区域	日本	苏州	宁夏	日本	苏州	宁夏	日本	苏州	宁夏	日本	苏州	宁夏	日本	苏州	宁夏	日本	苏州	宁夏
i=1	①赚得少的调整得更少（<0）	5	2	4	7	5	3	8	2	3	5	2	1	5	2	7	30	13	18
		8.9%	3.4%	7.1%	12.5%	8.6%	5.4%	14.3%	3.4%	5.4%	8.9%	3.4%	1.8%	8.9%	3.4%	12.5%	10.7%	4.5%	6.4%
	②保持现有分配不变（=0）	7	1	1	3	1	1	3	4	2	5	5	4	4	3	1	22	14	9
		12.5%	1.7%	1.8%	5.4%	1.7%	1.8%	5.4%	6.9%	3.6%	8.9%	8.6%	7.1%	7.1%	5.2%	1.8%	7.9%	4.8%	3.2%
	③会调整一下，但不会调整到平均的程度（>0，<1）	21	20	17	25	19	19	26	22	16	25	20	16	27	26	16	124	107	84
		37.5%	34.5%	30.4%	44.6%	32.8%	33.9%	46.4%	37.9%	28.6%	44.6%	34.5%	28.6%	48.2%	44.8%	28.6%	44.3%	36.9%	30.0%
	④平均分配（=1）	17	30	29	14	27	28	15	28	27	20	28	26	14	25	26	80	138	136
		30.4%	51.7%	51.8%	25.0%	46.6%	50.0%	26.8%	48.3%	48.2%	35.7%	48.3%	46.4%	25.0%	43.1%	46.4%	28.6%	47.6%	48.6%
	⑤赚得多的调整得少	6	5	5	7	6	5	4	2	8	1	3	9	6	2	6	24	18	33
		10.7%	8.6%	8.9%	12.5%	10.3%	8.9%	7.1%	3.4%	14.3%	1.8%	5.2%	16.1%	10.7%	3.4%	10.7%	8.6%	6.2%	11.8%

续表

C		j=1			j=2			j=3			j=4			j=5			total		
	区域	日本	苏州	宁夏	日本	苏州	宁夏	日本	苏州	宁夏	日本	苏州	宁夏	日本	苏州	宁夏	日本	苏州	宁夏
i=2	①赚得少的调整得更少（<0）	0	0	0	0	0	0	0	0	0	0	0	0	0	0	0	0	0	0
		0.0%	0.0%	0.0%	0.0%	0.0%	0.0%	0.0%	0.0%	0.0%	0.0%	0.0%	0.0%	0.0%	0.0%	0.0%	0.0%	0.0%	0.0%
	②保持现有分配不变（=0）	0	0	0	0	0	0	0	0	0	0	0	0	0	0	0	0	0	0
		0.0%	0.0%	0.0%	0.0%	0.0%	0.0%	0.0%	0.0%	0.0%	0.0%	0.0%	0.0%	0.0%	0.0%	0.0%	0.0%	0.0%	0.0%
	③会调整一下，但不会调整到平均的程度（>0，<1）	5	4	13	4	9	12	7	5	7	5	8	15	6	9	12	27	35	59
		8.9%	6.9%	23.2%	7.1%	15.5%	21.4%	12.5%	8.6%	12.5%	8.9%	13.8%	26.8%	10.7%	15.5%	21.4%	9.6%	12.1%	21.1%
	④平均分配（=1）	25	43	30	33	42	32	33	42	34	33	45	34	37	44	33	161	216	163
		44.6%	74.1%	53.6%	58.9%	72.4%	57.1%	58.9%	72.4%	60.7%	58.9%	77.6%	60.7%	66.1%	75.9%	58.9%	57.5%	74.5%	58.2%
	⑤赚得多的调整得少	26	11	13	19	7	12	16	11	15	18	5	7	13	5	11	92	39	58
		46.4%	19.0%	23.2%	33.9%	12.1%	21.4%	28.6%	19.0%	26.8%	32.1%	8.6%	12.5%	23.2%	8.6%	19.6%	32.9%	13.4%	20.7%

续表

C	区域	j=1			j=2			j=3			j=4			j=5			total		
		日本	苏州	宁夏	日本	苏州	宁夏	日本	苏州	宁夏	日本	苏州	宁夏	日本	苏州	宁夏	日本	苏州	宁夏
i=3	①赚得少的调整得更少（<0）	11	5	3	8	6	3	10	1	3	9	0	3	11	1	2	49	13	14
		19.6%	8.6%	5.4%	14.3%	10.3%	5.4%	17.9%	1.7%	5.4%	16.1%	0.0%	5.4%	19.6%	1.7%	3.6%	17.5%	4.5%	5.0%
	②保持现有分配不变（=0）	3	4	2	8	1	2	7	2	5	8	3	5	4	3	2	30	13	16
		5.4%	6.9%	3.6%	14.3%	1.7%	3.6%	12.5%	3.4%	8.9%	14.3%	5.2%	8.9%	7.1%	5.2%	3.6%	10.7%	4.5%	5.7%
	③会调整一下，但不会调整到平均的程度（>0，<1）	25	18	18	26	20	15	23	20	11	20	19	14	25	24	12	119	101	70
		44.6%	31.0%	32.1%	46.4%	34.5%	26.8%	41.1%	34.5%	19.6%	35.7%	32.8%	25.0%	44.6%	41.4%	21.4%	42.5%	34.8%	25.0%
	④平均分配（=1）	13	27	26	10	24	29	11	29	27	11	33	23	11	29	31	56	142	136
		23.2%	46.6%	46.4%	17.9%	41.4%	51.8%	19.6%	50.0%	48.2%	19.6%	56.9%	41.1%	19.6%	50.0%	55.4%	20.0%	49.0%	48.6%
	⑤赚得多的调整得少	4	4	7	4	7	7	5	6	10	8	3	11	5	1	9	26	21	44
		7.1%	6.9%	12.5%	7.1%	12.1%	12.5%	8.9%	10.3%	17.9%	14.3%	5.2%	19.6%	8.9%	1.7%	16.1%	9.3%	7.2%	15.7%

续表

C		j=1			j=2			j=3			j=4			j=5			total		
	区域	日本	苏州	宁夏	日本	苏州	宁夏	日本	苏州	宁夏	日本	苏州	宁夏	日本	苏州	宁夏	日本	苏州	宁夏
total	①赚得少的调整得更少（<0）	16	7	7	15	11	6	18	3	6	14	2	4	16	3	9	79	26	32
		9.5%	4.0%	4.2%	8.9%	6.3%	3.6%	10.7%	1.7%	3.6%	8.3%	1.1%	2.4%	9.5%	1.7%	5.4%	9.4%	3.0%	3.8%
	②保持现有分配不变（=0）	10	5	3	11	2	3	10	6	7	13	8	9	8	6	3	52	27	25
		6.0%	2.9%	1.8%	6.5%	1.1%	1.8%	6.0%	3.4%	4.2%	7.7%	4.6%	5.4%	4.8%	3.4%	1.8%	6.2%	3.1%	3.0%
	③会调整一下，但不会调整到平均的程度（>0，<1）	51	42	48	55	48	46	56	47	34	50	47	45	58	59	40	270	243	213
		30.4%	24.1%	28.6%	32.7%	27.6%	27.4%	33.3%	27.0%	20.2%	29.8%	27.0%	26.8%	34.5%	33.9%	23.8%	32.1%	27.9%	25.4%
	④平均分配（=1）	55	100	85	57	93	89	59	99	88	64	106	83	62	98	90	297	496	435
		32.7%	57.5%	50.6%	33.9%	53.4%	53.0%	35.1%	56.9%	52.4%	38.1%	60.9%	49.4%	36.9%	56.3%	53.6%	35.4%	57.0%	51.8%
	⑤赚得多的调整得少	36	20	25	30	20	24	25	19	33	27	11	27	24	8	26	142	78	135
		21.4%	11.5%	14.9%	17.9%	11.5%	14.3%	14.9%	10.9%	19.6%	16.1%	6.3%	16.1%	14.3%	4.6%	15.5%	16.9%	9.0%	16.1%

表 4-24　在情况 Y 中的 Opinion

γ		j=1			j=2			j=3			j=4			j=5			total		
	区域	日本	苏州	宁夏	日本	苏州	宁夏	日本	苏州	宁夏	日本	苏州	宁夏	日本	苏州	宁夏	日本	苏州	宁夏
i=1	①赚得少的调整得更少（<0）	5	2	1	3	1	3	3	1	3	5	0	2	3	2	2	19	6	11
		8.9%	3.4%	1.8%	5.4%	1.7%	5.4%	5.4%	1.7%	5.4%	8.9%	0.0%	3.6%	5.4%	3.4%	3.6%	6.8%	2.1%	3.9%
	②保持现有分配不变（=0）	6	7	6	4	8	2	5	11	3	11	10	4	10	11	4	36	47	19
		10.7%	12.1%	10.7%	7.1%	13.8%	3.6%	8.9%	19.0%	5.4%	19.6%	17.2%	7.1%	17.9%	19.0%	7.1%	12.9%	16.2%	6.8%
	③会调整一下，但不会调整到平均的程度（>0，<1）	12	14	13	17	12	17	12	8	15	8	12	11	12	7	20	61	53	76
		21.4%	24.1%	23.2%	30.4%	20.7%	30.4%	21.4%	13.8%	26.8%	14.3%	20.7%	19.6%	21.4%	12.1%	35.7%	21.8%	18.3%	27.1%
	④平均分配（=1）	27	28	30	23	32	28	26	36	28	26	32	28	26	37	27	128	165	141
		48.2%	48.3%	53.6%	41.1%	55.2%	50.0%	46.4%	62.1%	50.0%	46.4%	55.2%	50.0%	46.4%	63.8%	48.2%	45.7%	56.9%	50.4%
	⑤赚得多的调整得少	6	7	6	9	5	6	10	2	7	6	4	11	5	1	3	36	19	33
		10.7%	12.1%	10.7%	16.1%	8.6%	10.7%	17.9%	3.4%	12.5%	10.7%	6.9%	19.6%	8.9%	1.7%	5.4%	12.9%	6.6%	11.8%
i=2	①赚得少的调整得更少（<0）	0	0	0	0	0	0	0	0	0	0	0	0	0	0	0	0	0	0
		0.0%	0.0%	0.0%	0.0%	0.0%	0.0%	0.0%	0.0%	0.0%	0.0%	0.0%	0.0%	0.0%	0.0%	0.0%	0.0%	0.0%	0.0%

续表

γ	区域	j=1			j=2			j=3			j=4			j=5			total		
		日本	苏州	宁夏	日本	苏州	宁夏	日本	苏州	宁夏	日本	苏州	宁夏	日本	苏州	宁夏	日本	苏州	宁夏
i=2	②保持现有分配不变（=0）	0	0	0	0	0	0	0	0	0	0	0	0	0	0	0	0	0	0
		0.0%	0.0%	0.0%	0.0%	0.0%	0.0%	0.0%	0.0%	0.0%	0.0%	0.0%	0.0%	0.0%	0.0%	0.0%	0.0%	0.0%	0.0%
	③会调整一下，但不会调整到平均的程度（>0，<1）	3	4	11	3	3	6	5	2	7	5	6	13	7	4	11	23	19	48
		5.4%	6.9%	19.6%	5.4%	5.2%	10.7%	8.9%	3.4%	12.5%	8.9%	10.3%	23.2%	12.5%	6.9%	19.6%	8.2%	6.6%	17.1%
	④平均分配（=1）	42	50	33	43	51	36	43	52	35	44	51	34	44	53	37	216	257	175
		75.0%	86.2%	58.9%	76.8%	87.9%	64.3%	76.8%	89.7%	62.5%	78.6%	87.9%	60.7%	78.6%	91.4%	66.1%	77.1%	88.6%	62.5%
	⑤赚得多的调整得少	11	4	12	10	4	14	8	4	14	7	1	9	5	1	8	41	14	57
		19.6%	6.9%	21.4%	17.9%	6.9%	25.0%	14.3%	6.9%	25.0%	12.5%	1.7%	16.1%	8.9%	1.7%	14.3%	14.6%	4.8%	20.4%
i=3	①赚得少的调整得更少（<0）	3	4	2	4	1	6	5	1	2	3	2	5	1	1	3	16	9	18
		5.4%	6.9%	3.6%	7.1%	1.7%	10.7%	8.9%	1.7%	3.6%	5.4%	3.4%	8.9%	1.8%	1.7%	5.4%	5.7%	3.1%	6.4%
	②保持现有分配不变（=0）	7	10	3	9	7	4	12	7	4	10	6	5	9	7	3	47	37	19
		12.5%	17.2%	5.4%	16.1%	12.1%	7.1%	21.4%	12.1%	7.1%	17.9%	10.3%	8.9%	16.1%	12.1%	5.4%	16.8%	12.8%	6.8%

续表

γ		j=1			j=2			j=3			j=4			j=5			total		
	区域	日本	苏州	宁夏	日本	苏州	宁夏	日本	苏州	宁夏	日本	苏州	宁夏	日本	苏州	宁夏	日本	苏州	宁夏
i=3	③会调整一下，但不会调整到平均的程度（>0，<1）	15	13	18	11	15	13	10	9	14	9	13	13	12	12	16	57	62	74
		26.8%	22.4%	32.1%	19.6%	25.9%	23.2%	17.9%	15.5%	25.0%	16.1%	22.4%	23.2%	21.4%	20.7%	28.6%	20.4%	21.4%	26.4%
	④平均分配（=1）	27	28	27	27	33	27	22	37	26	26	33	24	26	36	26	128	167	130
		48.2%	48.3%	48.2%	48.2%	56.9%	48.2%	39.3%	63.8%	46.4%	46.4%	56.9%	42.9%	46.4%	62.1%	46.4%	45.7%	57.6%	46.4%
	⑤赚得多的调整得少	4	3	6	5	2	6	7	4	10	8	4	9	8	2	8	32	15	39
		7.1%	5.2%	10.7%	8.9%	3.4%	10.7%	12.5%	6.9%	17.9%	14.3%	6.9%	16.1%	14.3%	3.4%	14.3%	11.4%	5.2%	13.9%
total	①赚得少的调整得更少（<0）	8	6	3	7	2	9	8	2	5	8	2	7	4	3	5	35	15	29
		4.8%	3.4%	1.8%	4.2%	1.1%	5.4%	4.8%	1.1%	3.0%	4.8%	1.1%	4.2%	2.4%	1.7%	3.0%	4.2%	1.7%	3.5%
	②保持现有分配不变（=0）	13	17	9	13	15	6	17	18	7	21	16	9	19	18	7	83	84	38
		7.7%	9.8%	5.4%	7.7%	8.6%	3.6%	10.1%	10.3%	4.2%	12.5%	9.2%	5.4%	11.3%	10.3%	4.2%	9.9%	9.7%	4.5%

续表

γ		j=1			j=2			j=3			j=4			j=5			total		
	区域	日本	苏州	宁夏	日本	苏州	宁夏	日本	苏州	宁夏	日本	苏州	宁夏	日本	苏州	宁夏	日本	苏州	宁夏
total	③会调整一下，但不会调整到平均的程度（>0，<1）	30	31	42	31	30	36	27	19	36	22	31	37	31	23	47	141	134	198
		17.9%	17.8%	25.0%	18.5%	17.2%	21.4%	16.1%	10.9%	21.4%	13.1%	17.8%	22.0%	18.5%	13.2%	28.0%	16.8%	15.4%	23.6%
	④平均分配（=1）	96	106	90	93	116	91	91	125	89	96	116	86	96	126	90	472	589	446
		57.1%	60.9%	53.6%	55.4%	66.7%	54.2%	54.2%	71.8%	53.0%	57.1%	66.7%	51.2%	57.1%	72.4%	53.6%	56.2%	67.7%	53.1%
	⑤赚得多的调整得少	21	14	24	24	11	26	25	10	31	21	9	29	18	4	19	109	48	129
		12.5%	8.0%	14.3%	14.3%	6.3%	15.5%	14.9%	5.7%	18.5%	12.5%	5.2%	17.3%	10.7%	2.3%	11.3%	13.0%	5.5%	15.4%

参考文献

[1] Ambrus, Attila., Ben Greiner, Parag Pathak. Group versus individual decision-making: Is there a shift [M]. Working Paper, Department of Economics, Harvard University, 2009.

[2] Binmore, Ken, Avner Shaked.Experimental Economics: Where next? [M]. Journal of Economic Behavior and Organization, 2000 (73): 87-100.

[3] Brandts, Jordi, Gary Charness. Hot vs. cold: Sequential responses and preference stability in experimental games [J]. Experimental Economics, 2000 (3): 227-238.

[4] Brosig, Jeannette, Joachim Weimann, Chun-Lei Yang.The hot versus cold effect in a simple bargaining experiment [J]. Experimental Economics, 2003, 6 (1): 75-90.

[5] Cappelen, Alexander W, Astri Drange Hole, Erik O Sorensen, Bertil Tungodden. The pluralism of fairness ideals: An experimental approach [J]. American Economic Review, 2007, 97 (3): 818-827.

[6] Cason, Timothy N., Vai-Lam Mui. Social influence in the sequential dictator game [J]. Journal of Mathematical Psychology, 1998, 42 (2-3): 248-265.

[7] Charness, Gary, David I. Levine Intention and stochastic outcomes: An experimental study [J]. Economic Journal, 2007, 117 (522): 1051-1072.

[8] Chuah, Swee-Hoon et al. Do cultures clash? Evidence from cross-national ultimatum game experiments [J]. Journal of Economic Behavior and Organization, 2007, 64 (1): 35-48.

[9] Cokely, Edward T., Adam Feltz. Individual differences, judgment biases, and theory-of-mind: Deconstructing the intentional action side effect asymmetry [J]. Journal of Research in Personality, 2009, 43 (1): 18-24.

[10] Cox, James C., Cary A. Deck. On the nature of reciprocal motives [J]. Economic Inquiry, 2005, 43 (3): 623-635.

[11] Falk, Armin ., Michael Kosfeld. The hidden costs of control [J]. American Economic Review, 2006, 96 (5): 1611-1630.

[12] Fehr, Ernst ., Klaus M. Schmidt. A Theory of fairness, competition, and cooperation [J] . Quarterly Journal of Economics, 1999, 114 (3): 817-868.

[13] Fehr, Ernst., Simon Gächter. Cooperation and punishment in public goods experiments [J] . American Economic Review, 2000, 90 (4): 980-994.

[14] Fehr, Ernst ., Klaus M. Schmidt. Theories of fairness and reciprocity evidence and economic applications [J] . Mimeo, 2000 (1): 7-14.

[15] Fehr, Ernst, Klaus M. Schmidt. The rhetoric of inequity aversion a reply [J] . Mimeo, 2005 (1): 7-14.

[16] Feltz, Adam. The Knobe effect: A brief overview [J] . Journal of Mind and Behavior, 2007, 28 (3-4): 265-277.

[17] Foot, Philippa. The Problem of Abortion and the Doctrine of the Double Effect in Virtues and Vices [M] . Basil Blackwell, Oxford, U.K, 1978.

[18] Forsythe, Robert., Joel L. Horowitz, N.E. Savin, Martin Sefton.Fairness in simple bargaining experiments [J] . Games and Economic Behavior, 1994, 6 (3): 347-369.

[19] Gonnerman, Chad.Reading conflicted minds: An empirical follow-up to knobe and roedder [J] . Philosophical Psychology, 2008, 21 (2): 193-205.

[20] Blacke, Joshua D.The secret joke of Kant's soul [J] . Moral Psychology, 2007 (3): 7-14.

[21] Guth, Werner., Steffen Huck, Wieland Muller. The relevance of equal splits in ultimatum games [J] . Games and Economic Behavior, 2001, 37 (1): 161-169.

[22] Hindrik, Frank. Intentional Action and the Praise-Blame Asymmetry [J] . Philosophical Quartarly, 2008, 58 (233): 630-641.

[23] Ho, Teck-Hua., Colin Camerer, Keith Weigelt.Iterated best response in expeimental "p-beauty Contest" [J] . American Economic Review, 1998, 88 (4): 947-969.

[24] Kamm, Frances Myrna. Harming some to save others [J] . Philosophical Studies, 1989, 57 (3): 227-260.

[25] Keynes，John Maynard. The General Theory of Employment，Interest and Money [J] . Palgrave Macmillan，1936（1）：7–14.

[26] Knobe.Joshua.Intentional action in folk psychology：An experimental investigation [J] . Philosophical Psychology，2003，16（2）：309–324.

[27] Levine，David K. Modeling altruism and spitefulness in experiments [J] . Review of Economic Dynamics，1998，1（3）：593–622.

[28] List，John A.，Robert P. Berrens，Alok K. Bohara & Joe Kerkvliet.Examining the Role of Social Isolation on Stated Preferences [J] . American Economic Review，2004，94（3）：741–752.

[29] McCann，Hugh J. Intentional action and intending：Recent empirical studies [J] . Philosophical Psychology，2005，18（6）：737–748.

[30] Mikhail，John. Universal moral grammar：Theory，evidence，and the future [J] . Trends in Cognitive Sciences，2007，11（4）：143–152.

[31] Moulin，Herve. Game Theory for the Social Sciences（2nd ed.）[M] . New York：University Press，1986.

[32] Nagel，Rosemarie. Unraveling in Guessing Games：An Experimental Study [J] . American Economic Review，1995，85（5）：1313–1326.

[33] Neugebauer，Tibor，Anders Poulsen，Arthur Schram. Fairness and reciprocity in the hawk–dove game [J] . Journal of Economic Behavior & Organization，2008，66（2）：243–250.

[34] Nichols，Shaun，Joseph Ulatowski. Intuitions and individual differences：The Knobe effect revisited [J] . Mind，Language，2007，22（4）：346–365.

[35] Oxoby，Robert J.，Kendra N. Mcleish. Sequential decision and strategy vector methods in ultimatum bargaining：Evidence on the strength of otherregarding behavior [J] . Economics Letters，2004，84（3）：399–405.

[36] Rabin，Matthew.Incorporating fairness into game theory and economics [J] . American Economic Review，1993，83（5）：1281–1302.

[37] Schotter，Andrew.，Keith Weigelt，Charles Wilson. A laboratory investigation of multiperson rationality and presentaion effects [J] . Games and Economic Behaviour，1994，6（3）：445–468.

[38] Solnick，Sara J.Cash and alternate methods of accounting in an experimental

game［J］. Journal of Economic Behavior and Organization，2007，62（2）：316-321.

［39］Sripada，Chandra Sekhar.The deep self model and asymmetries in folk judgments about intentional action［J］. Philosophical Studies，2000，151（2）：159-176.

［40］Thomson，Judith Jarvis.The trolley problem［J］. Yale Law Journal，1985（94）：1395-1415.

［41］Unger，Peter. Living high and letting die［M］. Oxford University Press，1996.

［42］Utikal，Verena.，Urs Fischbacher.On the attribution of externalities［J］. Research Paper Series Thurgau Institute of Economics and Department of Economics at the University of Konstanz，2009（1）：7-11.

［43］Uttich，Kevin.，Lombrozo，Tania. Norms inform mental state ascriptions：A rational explanation for the side-effect effect［J］. Cognition，2010，116（1）：87-100.

［44］Vandello，J. A.，Cohen，D.& Ransom，S.U. S. Southern and Northern differences in perceptions of norms about aggression：Mechanisms for the perpetuation of a culture of honor［J］. Journal of Cross-Cultural Psychology，2008（39）：162-177.

［45］Wible，A. Knobe，side effects，and the morally good business［J］. Journal of Business Ethics，2009（85）85：173-178.

第五章　结　论

本书是笔者参加由指导教师小田秀典教授 2010 年 3 月在京都产业大学召开的世界首次实验哲学和实验经济学国际会议 How and why economists and and philosophers do experiments：dialogue between experimental economics and experimental philosophy 后所展开的研究。

本书由 3 个实验构成。

第二章是对实验哲学的研究。在经济学中，虽然并不研究行为是否具有指向性等人类内心的问题，但可以运用实验经济学的方法，基于伦理的动机，观察到对给他人带来利益或不利的主体的奖赏或处罚行为。本书是在 Knobe（2003）理论的基础上发展而来的，是为了了解日本和中国的实验参加者是否认同关于外部性（副作用）的善恶并不具有信念的行为人所带来外部性的意向性，在日本（京都产业大学）和中国（苏州大学和宁夏大学）共对 275 名被实验者实施了实验。实验哲学的实验以英语圈为主体，而本实验主要在亚洲圈展开。作为实验的方法，一是每个实验参加者回答针对假想提问的问卷调查形式（Opinion），二是应用凯恩斯的美人投票理论通过给予金钱上的诱因，询问每个实验参加者的意见和对周围其他人行动预测（Guess）的形式。并且，加入了不清楚事前会有怎样事态发展的外部性（副作用）情景，确认了意向和归属的理由，是基于被预测到的负面的副作用，还是由于产生了负面的副作用。

主要实验结果如下：和实验哲学研究一样，关于自己的意见（Opinion），能够验证 Knobe 效应。也就是说，会将负面的副作用判断为是有意被造成的，但并不会将正面的副作用判断为是有意被造成的。另外，与在英语圈的研究不同，在日本和中国，即使主体是小企业也可以确认 Knobe 效应的存在。同时，即使在外部性的结果事先无法确定的情况下也能够看出 Knobe 效应的存在。而且，在自己的意见（Opinion）和其他人的预测（Guess）中，研究结果有较大差异。给予金钱上的激励后，对其他人的预测（Guess）并不能观察到Knobe效应的存在。也就是说，会将正面的副作用判断为是有意被造成的，但不将负面的副作用判断为是被有意造成的。本书在以往的哲学实验中（因为回答者的动机不充分、回答者仅限于英语圈而不明确），尝试通过影响道德判断的直观和思考进行详细的验证，不仅在经济领域，在哲学领域也包含诸多有用要素。

第三章是对实验经济的研究，向实验参加者出示收益表，验证了作为采取伴随外部性行动的当事人的行动。具体来说，将他人的1日元与自己的1日元相减，追加到自己效用中的Levine型效用函数，以及将自己的收入与他人的收入之差作为负面效用添加到自身效用中，从而将Fehr和Schmide型效用函数引入到本书中，以对个人行为进行分析。

其结果为，可以观察到当参与实验者作为当事人进行决策时，大部分的参与实验者在大多数情况下只重视自己的利益，但也采取了多少考虑了影响周围他人的外部性（Side Effect）行动。而且，Levine模型与Fehr和Schmide模型在保持原样的形式下几乎并无说服力，但是放宽参数，考虑到人们的冲动性行动的可能性，如果将其进行一般化处理，结果就相当有说服力，能够对这类行动的七成左右的行为进行说明。本书通过实验验证了Levine型效用函数与Fehr和Schmide型效用函数的说服力，相信也会为今后改进成更具有说服力的模型发挥作用。

第四章也是对实验经济学的研究，调查了作为不影响自己利益的第三方的重新分配方案。也就是说，像第三章那样的当事人一方进行了收入重新分配后，通过实验调查了作为第三方将如何对当事人一方所进行的重新分配方案进行进一步分配。本书也询问了每个参与实验者的自己的意见（Opinion）和在给予了金钱上的激励后，参加实验者对其他实验参加者的重新分配的预想（Guess）。向每个被实验者出示收益表，在外部性（Side Effect）是正的情况和负的情况下，以及实验者1和实验者2重新分配前后的得利的大小，对被实验者们的重新分配的偏好是否受到影响进行了验证。实验的结果显示，并没有观察到Knobe效应的存在，与之相对的，平等意向和对既得权的尊重相对显著。关于意见（Opinion）和预测（Guess），很多人回答指出，虽然自己单纯地想要平等地重新进行分配，但其他实验参加者或许会考虑到各种各样的情况，从而不会完全均等地重新进行分配。本书涉及环境污染等伴随外部经济的经济活动和收入重新分配等，可能会为理解人们关于正义和公正的想法起到重要作用的经济行动，以及政策的制定方面带来有用的见解。从这个意义上，本书在实验哲学和实验经济学两个领域都具有重要意义。

在本书中，Knobe 效应在第二章中被发现，在第四章中没有被发现。即：人们在阅读单纯的故事时，一方面会将负面的副作用视作是有意被造成的，另一方面不会将正面的副作用视作是有意被造成的。但在出示了表示金钱利益的收益表时，却不会出现上述判断。不考虑副作用（外部性）的正负，尽可能进行平等的收入分配。虽然有进一步验证的余地，但可以认为，这意味着人们对道德判断在很大程度上依赖于问题呈现方式的结果，上述结论也对政策制定产生较大启示。

在这项研究中，通过引入实验经济学的方法，即在涉及具有哲学含义的内容时，给予实验参加者金钱上的激励，从而得到了可认为是更认真地问题作答结果，对于 Knobe 效应，由于是基于与伦理相关的动机，可认为由于文化和习惯等的影响结果会有所不同，但本书的实验在日本（京都产业大学）和中国（苏州大学和宁夏大学）展开，结果两个国家间并没有发现特别显著的不同，只存在部分差异。

另外，在这次研究中，为了运用实验经济学的方法验证实验哲学问题，对被实验者给予金钱、激励，引入凯恩斯的美人投票理论系统，不是对自己的意见（Opinion）支付酬金，而是对其他人行为的预测（Guess）支付酬金。为了比较自己的意见（Opinion）和对其他人的行为的预测（Guess），作为课题，有必要引入固定酬金系统与本书进行比较。对该实验的验证将作为今后的课题，笔者正在与小田秀典教授共同探究。

附　录

附录一　实验一

一、第 1 部分

座位号码：□□　　姓名：

首先，请确认自己的座位号码，并填写自己的名字。

这个册子一共有 19 个问题。这些问题，并没有固定的答案，而是询问你的意见以及你对于其他参加者的意见的猜测。请认真阅读，诚实地回答你的意见和猜测。

但是，请注意以下几点：

- 请按照规定的问题顺序进行解答。答题过程中不允许跳过，也不可以倒退。
- 答案填写后不可更改。请慎重考虑之后回答。
- 也许有类似的问题，但并不是完全一样，请仔细阅读并回答问题。
- 对于提问的回答不会对你将要领取的酬金产生影响，但也请认真回答。
- 每回答对一个问题你将得到 20 元。请认真考虑其他参加者将如何回答，然后回答问题。但是，如果正解者为复数时，他们将平分 20 元。

问题确认表	1	2	3	4	5	6	7	8	9	10	11	12	13	14	15	16	17	18	19

1. 一个公司的副经理对经理说："我们开发了一个新项目，这个新项目会给公司带来利润，这个项目会改善环境。"经理说："我不关心环境的好坏，

我只想尽可能地盈利。开始运作新项目！”于是这家公司开始了新项目，当然环境也得到了改善。

问 1. 你认为经理是有意在改善环境吗？请认真回答自己的意见。

☐ Yes　　　　☐ No

问 2. 你认为在今天的实验参加者中会有多少人和你意见一致？请认真回答你的预想（0 以上 N 以下的数字）。

我认为有☐☐人和我意见一致。

2. 一个公司的副经理对经理说：“我们开发了一个新项目，这个新的项目会给公司创造利润，并且也许对自然环境会造成好的或者坏的影响。”经理说：“我对于这个新项目对环境的好坏不关心，我只是希望尽可能盈利。开始运作新的项目。”这家公司开始了新项目。结果改善了环境。

问 1. 你认为经理是有意在改善环境吗？请认真回答自己的意见。

☐ Yes　　　　☐ No

问 2. 你认为在今天的实验参加者中会有多少人和你意见一致？请认真地回答你的预想（0 以上 N 以下的数字）。

我认为有☐☐人和我意见一致。

3. 一间餐饮店的副经理对经理说：“想开发一种新口味的汉堡包来增加收益。但是，隔壁的麦当劳的盈利也会有助益。”经理说：“我不在乎对麦当劳有没有助益，推出新口味的汉堡包。”结果，这家餐饮店的收益增加了，隔壁麦当劳的收益也增加了。

问 1. 你认为经理是有意在增加麦当劳的收益吗？请认真地回答自己的意见。

☐ Yes　　　　☐ No

问 2. 你认为在今天的实验参加者中会有多少人和你意见一致？请认真回答你的预想（0 以上 N 以下的数字）。

我认为有☐☐人和我意见一致。

4. 一间餐饮店的副经理对经理说：“想开发一种新口味的汉堡包来增加收益。但是，对隔壁麦当劳的收益可能增加也可能减少。”经理说：“我不在乎对麦当劳有没有助益，推出新口味的汉堡包。”结果，这家餐饮店的收益增加了，隔壁麦当劳的收益也增加了。

问 1. 你认为经理是有意在增加麦当劳的收益吗？请认真回答自己的意见。

☐ Yes ☐ No

问 2. 你认为在今天的实验参加者中会有多少人和你意见一致？请认真回答你的预想（0 以上 N 以下的数字）。

我认为有☐☐人和我意见一致。

5. 一个公司的副经理对经理说："我们开发了一个新项目，这个新项目会给公司带来利润，这个项目会破坏环境。"经理说："我不关心环境的好坏，我只想尽可能地盈利。开始运作新项目！"于是这家公司开始了新的项目，当然也破坏了环境。

问 1. 你认为经理是有意在破坏环境吗？请认真回答自己的意见。

☐ Yes ☐ No

问 2. 你认为在今天的实验参加者中会有多少人和你意见一致？请认真回答你的预想（0 以上 N 以下的数字）。

我认为有☐☐人和我意见一致。

6. 一个公司的副经理对经理说："我们开发了一个新项目，这个新项目会给公司创造利益，并且，对自然环境会造成好的也许是坏的影响。"经理说："我对于这个新项目对环境的好坏不关心，我只是希望尽可能盈利。开始运作新的项目。"这家公司开始了新的项目。结果破坏了环境。

问 1. 你认为经理是有意在破坏环境吗？请认真回答自己的意见。

☐ Yes ☐ No

问 2. 你认为在今天的实验参加者中会有多少人和你意见一致？请认真回答你的预想（0 以上 N 以下的数字）。

我认为有☐☐人和我意见一致。

7. 一间餐饮店的副经理对经理说："想开发一种新口味的汉堡包来增加收益。但是，隔壁的麦当劳的收益会减少。"经理说："我不在乎麦当劳的收益减少，推出新口味的汉堡包。"结果，这家餐饮店的收益增加了，隔壁麦当劳的收益减少了。

问 1. 你认为经理是有意在减少麦当劳的收益吗？请认真回答自己的意见。

☐ Yes ☐ No

问 2. 你认为在今天的实验参加者中会有多少人和你意见一致？请认真回答你的预想（0 以上 N 以下的数字）。

我认为有□□人和我意见一致。

8. 一间餐饮店的副经理对经理说："想开发一种新口味的汉堡包来增加收益。但是，隔壁麦当劳的收益也许会增加也许会减少。"经理说："我不在乎对麦当劳有没有助益，推出新口味的汉堡包。"结果，这家餐饮店的收益增加了，隔壁麦当劳的收益减少了。

问 1. 你认为经理是有意在减少麦当劳的收益吗？请认真回答自己的意见。

□ Yes　　　　□ No

问 2. 你认为在今天的实验参加者中会有多少人和你意见一致？请认真回答你的预想（0 以上 N 以下的数字）。

我认为有□□人和我意见一致。

9. 公司的经理要你对该公司的 A 员工、B 员工、C 员工进行升职评价。你的判断会被如实地传达到公司的人事部。但是，你知道以下状况是经理不知道的。

A 员工，以前提出了一个新的项目，同事们对他说："你提出的项目会增加公司的收益，你以后可能就飞黄腾达了。但是，你的新项目将造成公司其他项目的损失，其他项目的负责人可能被降职。公司的整体的收益可能增加也可能减少。"A 员工说："只要我能飞黄腾达，其他什么事情我都不在意。我要做这个新项目。"

B 员工，在面临同样的选择时说："我不在意公司的其他项目负责人降不降职，但公司的整体收益不能减少，如果我提出的新项目创造的收益超过其他项目减少的收益那么就开始新项目，如果不是就放弃。"

C 员工，在面临同样的选择时说："如果导致其他项目负责人被降职，即使公司的整体收益增加，我也不会开始新的项目。"

你在完全匿名的情况下，而且你的判断不会对你的名誉和收入造成任何的影响。

请注意这一点并对以下问题进行回答。

问 1. 你推荐谁？

□ A 员工　　　　□ B 员工　　　　□ C 员工

问 2. 你认为在今天的实验参加者中会有多少人和你意见一致？请认真回答你的预想（0 以上 N 以下的数字）。

我认为有□□人和我意见一致。

10. 公司经理要求你对该公司的 A 员工、B 员工、C 员工进行升职评价。你的判断会被如实地传达到公司的人事部。但是，你知道的以下状况是经理不知道的。

A 员工，以前提出了一个新的项目，同事们对他说："你提出的项目会增加公司的收益，你以后可能就飞黄腾达了。但是，你的新项目也可能减少公司整体收益。社会整体的收益可能增加也可能减少。" A 员工说："只要我能飞黄腾达，其他事情我什么都不在意。我要做这个新项目。"

B 员工，在面临同样的选择时说："公司的收益是增是减我不在意，社会整体的收益不能减少，如果我提出的新项目创造的社会整体收益超过公司减少的收益那么就开始新项目，如果不是那就放弃。"

C 员工，在面临同样的选择时说："如果导致公司收益减少，即使社会整体的收益增加，我也不会开始新的项目。"

你在完全匿名的情况下，而且你的判断不会对你的名誉和收入造成任何的影响。

请注意这一点并对以下问题进行回答。

问 1. 你推荐谁？

□ A 员工　　□ B 员工　　□ C 员工

问 2. 你认为在今天的实验参加者中会有多少人和你意见一致？请认真回答你的预想（0 以上 N 以下的数字）。

我认为有□□人和我意见一致。

11. 你被一个暴利团伙 X 组的组长要求，对该组的 A 组员、B 组员、C 组员进行升职评价。你的判断会被如实地传达到 X 组的人事部。但是，你知道的以下状况是组长不知道的。

A 组员，以前提出了一个新的项目，同事们对他说："你提出的项目会增加全组的收益，你以后可能就飞黄腾达了。但是，你的新项目将造成 X 组其他项目的损失，其他项目的负责人可能被降职。X 组整体的收益可能增加也可能减少。" A 组员说："只要我能飞黄腾达，其他事情我什么都不在意。我要做这个新项目。"

B 组员，在面临同样的选择时说："我不在意 X 组的其他项目负责人降不降职，但 X 组的整体收益不能减少，如果我提出的新项目创造的收益超过其他项目减少的收益那么就开始新项目，如果不是就放弃。"

C 组员，在面临同样的选择时说："如果导致其他项目负责人被降职，即使 X 组的整体收益增加，我也不会开始新的项目。"

你在完全匿名的情况下，而且你的判断不会对你的名誉和收入造成任何的影响。

请注意这一点并对以下问题进行回答。

问 1. 你推荐谁？

□ A 组员　　□ B 组员　　□ C 组员

问 2. 你认为在今天的实验参加者中会有多少人和你意见一致？请认真回答你的预想（0 以上 N 以下的数字）。

我认为有□□人和我意见一致。

12. 你被一个暴利团伙 X 组的组长要求，对该组的 A 组员、B 组员、C 组员进行升职评价。你的判断会被如实地传达到 X 组的人事部。但是，你知道的以下状况是组长不知道的。

A 组员，以前提出了一个新的项目，同事们对他说："你提出的项目会增加全组的收益，你以后可能就飞黄腾达了。但是，你的新项目将可能减少 X 组的整体收益。社会整体的收益可能增加也可能减少"。A 组员说："只要我能飞黄腾达，其他事情我什么都不在意。我要做这个新项目。"

B 组员，在面临同样的选择时说："X 组的利益是增是减我不在意，社会整体的收益不能减少，如果我提出的新项目创造的社会整体收益超过 X 组减少的收益那么就开始新项目，如果不是那就放弃。"

C 组员，在面临同样的选择时说："如果导致 X 组收益减少，即使社会整体的收益增加，我也不会开始新的项目。"

你在完全匿名的情况下，而且你的判断不会对你的名誉和收入造成任何的影响。

请注意这一点并对以下问题进行回答。

问 1. 你推荐谁？

□ A 组员　　□ B 组员　　□ C 组员

问 2. 你认为在今天的实验参加者中会有多少人和你意见一致？请认真回

答你的预想（0以上N以下的数字）。

我认为有□□人和我意见一致。

13. X市的市长想实施一个政策。这个政策可以使X市的雇佣人口增加2万，但是会造成邻近都市的雇佣人口减少1万。X市和邻近都市都因为经济不景气到处都是失业者。因为你自己住在离X市比较远的地方，不管X市采不采用这个政策都不会对你产生影响。

问1. 你认为X市的市长应该采用这个政策吗？请认真回答自己的意见（应该采用或者不应该采用）。

□应该采用　　　　　　　　□不应该采用

问2. 你认为在今天的实验参加者中会有多少人和你意见一致？请认真回答你的预想（0以上N以下的数字）。

我认为有□□人和我意见一致。

14. 市的市长想实施一个政策。这个政策可以使X市的雇佣人口增加2万，但是会造成邻近都市的雇佣人口减少3万。X市和邻近都市都因为经济不景气到处都是失业者。因为你自己住在离X市比较远的地方，不管X市采不采用这个政策都不会对你产生影响。

问1. 你认为X市的市长应该采用这个政策吗？请认真回答自己的意见（应该采用或者不应该采用）。

□应该采用　　　　　　　　□不应该采用

问2. 你认为在今天的实验参加者中会有多少人和你意见一致？请认真回答你的预想（0以上N以下的数字）。

我认为有□□人和我意见一致。

15. Y国的首相想实施一个政策。这个政策可以使Y国的雇佣人口增加2万，但是会造成邻近各国的雇佣人口减少1万。Y国和邻近各国都因为经济不景气到处都是失业者。因为你自己住在离Y国比较远的地方，不管Y国采不采用这个政策都不会对你产生影响。

问1. 你认为Y国的首相应该采用这个政策吗？请认真回答自己的意见（应该采用或者不应该采用）。

□应该采用　　　　　　　　□不应该采用

问2. 你认为在今天的实验参加者中会有多少人和你意见一致？请认真回答你的预想（0以上N以下的数字）。

我认为有□□人和我意见一致。

16. Y 国的首相想实施一个政策。这个政策可以使 Y 国的雇佣人口增加 2 万，但是会造成邻近各国的雇佣人口减少 3 万。Y 国和邻近各国都因为经济不景气到处都是失业者。因为你自己住在离 Y 国比较远的地方，不管 Y 国采不采用这个政策都不会对你产生影响。

问 1. 你认为 Y 国的首相应该采用这个政策吗？请认真回答自己的意见（应该采用或者不应该采用）。

□应该采用　　　　　　　　□不应该采用

问 2. 你认为在今天的实验参加者中会有多少人和你意见一致？请认真回答你的预想（0 以上 N 以下的数字）。

我认为有□□人和我意见一致。

17. Bob 的朋友 Jill 长年使用别克车（Buick）。所以，Bob 一直认为 Jill 使用美国车。但是，Bob 没有意识到，Jill 的别克车最近被偷了，而且 Jill 还买了不同车种的美国车庞蒂克（Pontiac）。

问 1. 你，认为 Bob 真的知道 Jill 在使用美国车，还是单纯地相信呢？请认真回答自己的意见（真的知道或者单纯地相信）。

□真的知道　　　　　　　　□单纯地相信

问 2. 你认为在今天的实验参加者中会有多少人和你意见一致？请认真回答你的预想（0 以上 N 以下的数字）。

我认为有□□人和我意见一致。

18. Put 带着儿子去动物园。他们来到了斑马园，Put 指着里面的动物说："那是斑马"。Put 说对了，那的确是斑马。然而，从游客的距离看，Put 应该分不清是真的斑马还是看起来像斑马，实际上是被巧妙着色的驴。并且，即使这个动物是被巧妙着色的驴，Put 依然认为这是斑马。

问 1. 你认为 Put 真的知道这个动物是斑马，还是单纯地相信呢？请认真回答自己的意见（真的知道或者单纯地相信）。

□真的知道　　　　　　　　□单纯地相信

问 2. 你认为在今天的实验参加者中会有多少人和你意见一致？请认真回答你的预想（0 以上 N 以下的数字）。

我认为有□□人和我意见一致。

19. John 在大学学习了库尔特 · 哥德尔（Kurt Gödel）的数学定理，哥德尔被叫作“不完备定理”的伟大数学家。John 的数学非常好，他能够正确地解释不完备定理，John 认为这个定理都是哥德尔的功劳。但是，这是他知道的关于哥德尔所有事情后的判断。那么，如果哥德尔并不是不完备定理的证明者。许多年前在维也纳一个偶然情况下发现了事实，一个叫“舒密特”的男人才是发现这一定理的人。他的朋友哥德尔通过某些手段窃取了他的草稿，并且对这一发现进行了发表，此后所有的功绩都给了哥德尔，哥德尔作为证明了不完备定理的数学家而被众所周知。听说过哥德尔的人大多数都和 John 没有区别。哥德尔证明了不完备定理，这就是他们所知道的关于哥德尔的一切。

问 1. 你认为 John 在使用“哥德尔”这一名字时，他知道说的是谁吗？（A）实际发现不完备定理的数学家；（B）窃取他人草稿，对这一伟大发现进行发表的人？请认真回答自己的意见（A 或者 B）。

□ A　　　　　　□ B

问 2. 你认为在今天的实验参加者中会有多少人和你意见一致？请认真回答你的预想（0 以上 N 以下的数字）。

我认为有□□人和我意见一致。

二、第 2 部分

（一）想象部分

请想象一下这个房间在座的各位将参加以下的游戏。

首先把参加者平分为 2 个组，从每组中任意抽选 1 人进行配对。分组和配对都完全是任意的，保证完全的匿名性。每个参加者都知道自己属于哪个组，但不论是实验中还是实验结束都不知道自己和谁配对。

从 1 组中选出的参加者（实验者 1），和与自己配对的从 2 组中选出的参加者（实验者 2）的报酬，如表 1 所示。

表 1

	左侧	右侧
实验者 1	500	700
实验者 2	300	200

这表示：如果实验者 1 选择左侧，那么

实验者 1 的报酬＝ 500 元

实验者 2 的报酬＝ 300 元

如果实验者 1 选择右侧，那么

实验者 1 的报酬＝ 700 元

实验者 2 的报酬＝ 200 元

实验者 2 对于报酬的变化没有任何的决定权，实验者 1 的决定为最终决定。

（二）考虑部分

在前文的例题（表 1）中，你作为实验者 1，请想象一下在这个实验室中有一个参加者是实验者 2，然后回答以下提问和问题。

提问没有正确答案，请诚实地回答自己的想法。

问题有正确答案。不仅是自己的想法也请认真考虑其他人的想法。

提问：作为实验者 1，你要选择左列还是右列？请打“√”。

□ 我选择左侧。

□ 我选择右侧。

问题：今天的实验有 N 个人参加。你认为在这之中会有多少人对于上面的问题做出［我选择右侧］的选择？

我认为有□□人做出了［我选择右侧］的选择。

但是，对问题作出正确回答的参加者，不是对于提问回答了“我选择右侧”的参加者人数，而是针对问题回答对了答案的中间值的参加者。

这里答案的中间值指：将所有的答案包括同样的数值从小到大排列，正中间的数值。比如：10，20，30，80，90 的中间值是 30；20，20，20，50，60 的中间值是 20，在 N 为偶数时中间值有 2 个。比如：10，20，30，70，80，90 的中间值是 30 和 70。

对提问即使有 10 个人回答了“我选择右侧”，问题的中间值是 15 人时，答案是 15 人的参加者是正解者。不只是自己的推测也请好好考虑一下其他人的答案再回答。

如果答案为 10 人以下时请写 ○ ×

对于以上的说明还有不理解的吗？即使是有一点点的不理解也请举手。

如果完全理解了，将开始第 1 部分的实验。

三、第3部分

（一）想象部分

请想象一下，在第1部分实验者1的决定不是最终的，每一对里都有一位没有参加回答的叫作实验者3的参加者，他将会把实验者1和实验者2的所得进行再分配。

比如，关于在第1部例题（表1）中的每一对的所得分配，实验者3会看到表2。

表2

	实验者1选择左侧时的再分配	实验者1选择右侧时的再分配
实验者1（P1）	500 ∓ A	700 ∓ B
实验者2（P2）	300 ± A	200 ± B

◎ 实验者1选择了左侧时：

实验者1的报酬＝500元

实验者2的报酬＝300元

实验者3可以按照自己的想法把以上的所得分配进行再分配，当然对以上的分配不做任何变动也可以。

把P1的所得500元的一部分或者全部都追加给P2

或者，相反

把P2的所得300元的一部分或者全部都追加给P1

◎ 实验者1选择了右侧时：

实验者1的报酬＝700元

实验者2的报酬＝200元

实验者3可以按照自己的想法把以上的所得分配进行再分配，当然对以上的分配不做任何变动也予以承认。

把P1的所得700元的一部分或者全部都追加给P2

或者，相反

把P2的所得200元的一部分或者全部都追加给P1

（二）考虑部分

在前一节的例题（表2）中，你作为实验者3，请想象一下这个实验室中有两个人分别为实验者 1 和实验者 2，作为实验者 3，不论你对实验者 1 和实验者 2 间的所得进行怎样调整，你自己的所得均为 1000 元。在以上设想的前提下，请回答以下问题。

提问：没有正确答案，请诚实回答自己的想法。

问题：有正确答案。不只是自己的想法也请认真考虑一下其他人的想法后回答。

◎在实验者 1 选择了左侧的时候

这时，请你想象一下你与其他实验参加者的想法，认真回答以下提问和问题。

- 提问：你认为你将对实验者 1 和实验者 2 的所得进行怎样的再分配。请在以下选项中选择一项打"√"，并且在□□中写上金额。请注意金额以元为单位。不进行任何的调整时，请在最上面的一项（把 P1 的所得追加给 P2）中打"√"，金额栏中写入 00 元。在金额未满 100 元时，请写[○] [×]0 元。

  □ 我要从 P1 的所得 500 元中拿出□□ 0 元追加到 P2 的所得中。

  □ 我要从 P2 的所得 300 元中拿出□□ 0 元追加到 P1 的所得中。

- 问题 1：你认为在这间实验室中的参加者将做出什么样的再分配？请在下列的项目中选择一项，并打"√"。并且在□□中写上金额。请注意金额以元为单位。不进行任何的调整时，请在最上面的一项（把 P1 的所得追加给 P2）中打"√"，金额栏中写入 00 元。在金额未满 100 元时，请写[○] [×]0 元。

  □ 普通的参加者会从 P1 的所得 500 元中拿出□□ 0 元追加到 P2 的所得中。

  □ 普通的参加者会从 P2 的所得 500 元中拿出□□ 0 元追加到 P1 的所得中。

这里的"普通的参加者"指，对于以上提问的回答从对 P1 最有利的再分配开始到对 P2 最有利的再分配（对 P1 最不利的再分配）结束按顺序排列，答案位于中间的参加者。但是，对于这个问题的正解者并不是猜对今天 N 人的实验参加者中"普通的参加者"的再分配的参加者（也就是说，不是猜对了关于提问的实验参加者答案的平均数），而是对于这个问题把参加实验的 N 人的答案，包含一样的答案的所有答案以对 P1 最有利的再分配开始到 P2 最有利的再分配为结束的顺序排列给予的再分配答案位于最中央的参加者。在N为偶数时，给予的再分配答案位于最中央的2位都是正解者。不只是自己的想法也请认真考虑一下其他人的想法后回答。

◎在实验者1选择了右侧的时候

这时，请你想象一下你与其他实验参加者的想法，认真回答以下提问和问题。规则的注意事项和针对问题的正确答案，和前面讲述的都一样。

- 提问：你，对于实验者1和实验者2的所得如何进行再分配？

请在下列的项目中选择一项，并打"√"。并且在□□中写上金额。

□ 我要从P1的所得700元中拿出□□0元追加到P2的所得中。

□ 我要从P2的所得200元中拿出□□0元追加到P1的所得中。

- 问题2：你认为在这间实验室中的参加者将做出什么样的再分配？请在下列的项目中选择一项，并打"√"。并且在□□中填写金额。

□ 一般的参加者会从P1的所得700元中拿出□□0元追加到P2的所得中。

□ 一般的参加者会从P2的所得200元中拿出□□0元追加到P1的所得中。

对于以上的说明还有不理解的吗？即使是有一点点的不理解也请举手。

如果完全理解了，将开始第二部分的实验。

附录二 实验二

一、第1部分

座位号码：□□ 姓名：

首先，请确认自己的座位号码，并填写自己的名字。

这个册子一共有15个数值问题。在每个例题中你将作为实验者1，请想象一下这个实验室中有一个参加者将成为你的搭档实验者2，认真回答提问和问题。

但是，请注意以下几点：

- 请按照规定的问题顺序进行解答。答题过程中不允许跳过，也不可以倒退。

- 答案填写后不可更改。请慎重考虑之后回答。
- 对于提问的回答不会对你将要领取的酬金产生影响，请认真回答。
- 每回答对一个问题你将得到 20 元。请认真考虑一下其他的参加者将如何回答，然后回答问题。但是，如果正解者为复数时，他们将平分这 20 元。

问题确认表	1	2	3	4	5	6	7	8	9	10	11	12	13	14	15

二、册子 2（例 1）

	左侧	右侧
实验者 1	500	600
实验者 2	500	300

提问：作为实验者 1，你要选择左列还是右列？请在你所选答案“□”中打“√”。

□ 我选择左侧。

□ 我选择右侧。

问题：今天的实验有 N 人参加。你认为在这之中会有多少人对于上面的问题做出［我选择右侧］的选择？

我认为 N 人之中有□□人做出了［我选择右侧］的选择。

三、册子 2（例 2）

	左侧	右侧
实验者 1	500	600
实验者 2	400	300

提问：作为实验者 1，你要选择左列还是右列？请在你所选答案“□”中打“√”。

□ 我选择左侧。

□ 我选择右侧。

问题：今天的实验有 N 人参加。你认为在这之中会有多少人对于上面的问题做出［我选择右侧］的选择？

我认为 N 人之中有□□人做出了［我选择右侧］的选择。

四、册子 2（例 3）

	左侧	右侧
实验者 1	500	600
实验者 2	300	300

提问：作为实验者 1，你要选择左列还是右列？请在你所选答案“□”中打“√”。

□ 我选择左侧。

□ 我选择右侧。

问题：今天的实验有 N 人参加。你认为在这之中会有多少人对于上面的问题做出［我选择右侧］的选择？

我认为 N 人之中有□□人做出了［我选择右侧］的选择。

五、册子 2（例 4）

	左侧	右侧
实验者 1	500	600
实验者 2	200	300

提问：作为实验者 1，你要选择左列还是右列？请在你所选答案“□”中打“√”。

□ 我选择左侧。

□ 我选择右侧。

问题：今天的实验有 N 人参加。你认为在这之中会有多少人对于上面的问题做出［我选择右侧］的选择？

我认为 N 人之中有□□人做出了［我选择右侧］的选择。

六、册子 2（例 5）

	左侧	右侧
实验者 1	500	600
实验者 2	100	300

提问：作为实验者 1，你要选择左列还是右列？请在你所选答案“□”中打“√”。

□ 我选择左侧。

□ 我选择右侧。

问题：今天的实验有 N 人参加。你认为在这之中会有多少人对于上面的问题做出［我选择右侧］的选择？

我认为 N 人之中有□□人做出了［我选择右侧］的选择。

七、册子 2（例 6）

	左侧	右侧
实验者 1	350	450
实验者 2	650	450

提问：作为实验者 1，你要选择左列还是右列？请在你所选答案“□”中打“√”。

□ 我选择左侧。

□ 我选择右侧。

问题：今天的实验有 N 人参加。你认为在这之中会有多少人对于上面的问题做出［我选择右侧］的选择？

我认为 N 人之中有□□人做出了［我选择右侧］的选择。

八、册子 2（例 7）

	左侧	右侧
实验者 1	350	450
实验者 2	550	450

提问：作为实验者 1，你要选择左列还是右列？请在你所选答案“□”中打“√”。

□ 我选择左侧。

□ 我选择右侧。

问题：今天的实验有 N 人参加。你认为在这之中会有多少人对于上面的问题做出［我选择右侧］的选择？

我认为 N 人之中有□□人做出了［我选择右侧］的选择。

九、册子 2（例 8）

	左侧	右侧
实验者 1	350	450
实验者 2	450	450

提问：作为实验者 1，你要选择左列还是右列？请在你所选答案“□”中打“√”。

□ 我选择左侧。

□ 我选择右侧。

问题：今天的实验有 N 人参加。你认为在这之中会有多少人对于上面的问题做出［我选择右侧］的选择？

我认为 N 人之中有□□人做出了［我选择右侧］的选择。

十、册子 2（例 9）

	左侧	右侧
实验者 1	350	450
实验者 2	350	450

提问：作为实验者 1，你要选择左列还是右列？请在你所选答案“□”中打“√”。

□ 我选择左侧。

□ 我选择右侧。

问题：今天的实验有 N 人参加。你认为在这之中会有多少人对于上面的问题做出［我选择右侧］的选择？

我认为N人之中有□□人做出了［我选择右侧］的选择。

十一、册子2（例10）

	左侧	右侧
实验者1	350	450
实验者2	250	450

提问：作为实验者1，你要选择左列还是右列？请在你所选答案“□”中打“√”。

□ 我选择左侧。

□ 我选择右侧。

问题：今天的实验有N人参加。你认为在这之中会有多少人对于上面的问题做出［我选择右侧］的选择？

我认为N人之中有□□人做出了［我选择右侧］的选择。

十二、册子2（例11）

	左侧	右侧
实验者1	200	300
实验者2	800	600

提问：作为实验者1，你要选择左列还是右列？请在你所选答案“□”中打“√”。

□ 我选择左侧。

□ 我选择右侧。

问题：今天的实验有N人参加。你认为在这之中会有多少人对于上面的问题做出［我选择右侧］的选择？

我认为N人之中有□□人做出了［我选择右侧］的选择。

十三、册子 2（例 12）

	左侧	右侧
实验者 1	200	300
实验者 2	700	600

提问：作为实验者 1，你要选择左列还是右列？请在你所选答案“□”中打“√”。

□ 我选择左侧。

□ 我选择右侧。

问题：今天的实验有 N 人参加。你认为在这之中会有多少人对于上面的问题做出［我选择右侧］的选择？

我认为 N 人之中有□□人做出了［我选择右侧］的选择。

十四、册子 2（例 13）

	左侧	右侧
实验者 1	200	300
实验者 2	600	600

提问：作为实验者 1，你要选择左列还是右列？请在你所选答案“□”中打“√”。

□ 我选择左侧。

□ 我选择右侧。

问题：今天的实验有 N 人参加。你认为在这之中会有多少人对于上面的问题做出［我选择右侧］的选择？

我认为 N 人之中有□□人做出了［我选择右侧］的选择。

十五、册子 2（例 14）

	左侧	右侧
实验者 1	200	300
实验者 2	500	600

提问：作为实验者 1，你要选择左列还是右列？请在你所选答案“□”中打“√”。

□ 我选择左侧。

□ 我选择右侧。

问题：今天的实验有 N 人参加。你认为在这之中会有多少人对于上面的问题做出［我选择右侧］的选择？

我认为 N 人之中有□□人做出了［我选择右侧］的选择。

十六、册子 2（例 15）

	左侧	右侧
实验者 1	200	300
实验者 2	400	600

提问：作为实验者 1，你要选择左列还是右列？请在你所选答案“□”中打“√”。

□ 我选择左侧。

□ 我选择右侧。

问题：今天的实验有 N 人参加。你认为在这之中会有多少人对于上面的问题做出［我选择右侧］的选择？

我认为 N 人之中有□□人做出了［我选择右侧］的选择。

附录三 实验三

一、第 1 部分

座位号码：□□　　姓名：

首先，请确认自己的座位号码，并填写自己的名字。

这个册子一共有 15 个数值问题。在每个例题中你将作为实验者 3，请想象一下在这个实验室中有两个人分别为实验者 1 和实验者 2。认真回答提问和问题。

但是，请注意以下几点：

- 请按照规定的问题顺序进行解答。答题过程中不允许跳过，也不可以倒退。
- 答案填写后不可更改。请慎重考虑之后回答。
- 对于提问的回答不会对你将要领取的酬金产生影响，但也请认真回答。
- 每回答对一个问题你将得到 20 元。请认真考虑一下其他的参加者将如何回答，然后回答问题。但是，如果正解者为复数时，他们将平分 20 元。

问题确认表	1	2	3	4	5	6	7	8	9	10	11	12	13	14	15

二、册子 3（例 1）

	实验者 1 选择左侧时的再分配	实验者 1 选择右侧时的再分配
实验者 1（P1）	5000 ∓ A	6000 ∓ B
实验者 2（P2）	5000 ± A	3000 ± B

◎ 实验者 1 选择左侧的时候

• 提问：你对于实验者 1 和实验者 2 的所得如何进行再分配？

请在下列项目中选择一项，并打“√”。并且在□□中写上金额。

□ 我要从 P1 的所得 5000 元中拿出□□ 00 元追加到 P2 的所得中。

□ 我要从 P2 的所得 5000 元中拿出□□ 00 元追加到 P1 的所得中。

• 问题 1：你认为在这间实验室中的参加者将做出什么样的再分配？

请在下列项目中选择一项，并打“√”。并且在□□中写上金额。

□ 一般的参加者会从 P1 的所得 5000 元中拿出□□ 00 元追加到 P2 的所得中。

□ 一般的参加者会从 P2 的所得 5000 元中拿出□□ 00 元追加到 P1 的所得中。

◎ 实验者 1 选择右侧的时候

• 提问：你对于实验者 1 和实验者 2 的所得如何进行再分配？

请在下列项目中选择一项，并打“√”。并且在□□中写上金额。

□ 我要从 P1 的所得 6000 元中拿出□□ 00 元追加到 P2 的所得中。

□ 我要从 P2 的所得 3000 元中拿出□□ 00 元追加到 P1 的所得中。

• 问题2：你认为在这间实验室中的参加者将做出什么样的再分配？

请在下列项目中选择一项，并打“√”。并且在□□中写上金额。

□ 一般的参加者会从P1的所得6000元中拿出□□ 00元追加到P2的所得中。

□ 一般的参加者会从P2的所得3000元中拿出□□ 00元追加到P1的所得中。

三、册子3（例2）

	实验者1选择左侧时的再分配	实验者1选择右侧时的再分配
实验者1（P1）	5000 ∓ A	6000 ∓ B
实验者2（P2）	4000 ± A	3000 ± B

◎ 实验者1选择左侧的时候

• 提问：你对于实验者1和实验者2的所得如何进行再分配？

请在下列项目中选择一项，并打“√”。并且在□□中写上金额。

□ 我要从P1的所得5000元中拿出□□ 00元追加到P2的所得中。

□ 我要从P2的所得4000元中拿出□□ 00元追加到P1的所得中。

• 问题1：你认为在这间实验室中的参加者将做出什么样的再分配？

请在下列项目中选择一项，并打“√”。并且在□□中写上金额。

□ 一般的参加者会从P1的所得5000元中拿出□□ 00元追加到P2的所得中。

□ 一般的参加者会从P2的所得4000元中拿出□□ 00元追加到P1的所得中。

◎ 实验者1选择右侧的时候

• 提问：你对于实验者1和实验者2的所得如何进行再分配？

请在下列项目中选择一项，并打“√”。并且在□□中写上金额。

□ 我要从P1的所得6000元中拿出□□ 00元追加到P2的所得中。

□ 我要从P2的所得3000元中拿出□□ 00元追加到P1的所得中。

• 问题2：你认为在这间实验室中的参加者将做出什么样的再分配？

请在下列项目中选择一项，并打“√”。并且在□□中写上金额。

□ 一般的参加者会从P1的所得6000元中拿出□□ 00元追加到P2的

所得中。

□ 一般的参加者会从 P2 的所得 3000 元中拿出□□ 00 元追加到 P1 的所得中。

四、册子 3（例 3）

	实验者 1 选择左侧时的再分配	实验者 1 选择右侧时的再分配
实验者 1（P1）	5000 ∓ A	6000 ∓ B
实验者 2（P2）	3000 ± A	3000 ± B

◎ 实验者 1 选择左侧的时候

• 提问：你对于实验者 1 和实验者 2 的所得如何进行再分配？

请在下列项目中选择一项，并打“√”。并且在□□中写上金额。

□ 我要从 P1 的所得 5000 元中拿出□□ 00 元追加到 P2 的所得中。

□ 我要从 P2 的所得 3000 元中拿出□□ 00 元追加到 P1 的所得中。

• 问题 1：你认为在这间实验室中的参加者将做出什么样的再分配？

请在下列项目中选择一项，并打“√”。并且在□□中写上金额。

□ 一般的参加者会从 P1 的所得 5000 元中拿出□□ 00 元追加到 P2 的所得中。

□ 一般的参加者会从 P2 的所得 3000 元中拿出□□ 00 元追加到 P1 的所得中。

◎ 实验者 1 选择右侧的时候

• 提问：你对于实验者 1 和实验者 2 的所得如何进行再分配？

请在下列项目中选择一项，并打“√”。并且在□□中写上金额。

□ 我要从 P1 的所得 6000 元中拿出□□ 00 元追加到 P2 的所得中。

□ 我要从 P2 的所得 3000 元中拿出□□ 00 元追加到 P1 的所得中。

• 问题 2：你认为在这间实验室中的参加者将做出什么样的再分配？

请在下列项目中选择一项，并打“√”。并且在□□中写上金额。

□ 一般的参加者会从 P1 的所得 6000 元中拿出□□ 00 元追加到 P2 的所得中。

□ 一般的参加者会从 P2 的所得 3000 元中拿出□□ 00 元追加到 P1 的所得中。

五、册子 3（例 4）

	实验者 1 选择左侧时的再分配	实验者 1 选择右侧时的再分配
实验者 1（P1）	5000 ∓ A	6000 ∓ B
实验者 2（P2）	2000 ± A	3000 ± B

◎ 实验者 1 选择左侧的时候

• 提问：你对于实验者 1 和实验者 2 的所得如何进行再分配？

请在下列项目中选择一项，并打"√"。并且在□□中写上金额。

□ 我要从 P1 的所得 5000 元中拿出□□ 00 元追加到 P2 的所得中。

□ 我要从 P2 的所得 2000 元中拿出□□ 00 元追加到 P1 的所得中。

• 问题 1：你认为在这间实验室中的参加者将做出什么样的再分配？

请在下列项目中选择一项，并打"√"。并且在□□中写上金额。

□ 一般的参加者会从 P1 的所得 5000 元中拿出□□ 00 元追加到 P2 的所得中。

□ 一般的参加者会从 P2 的所得 2000 元中拿出□□ 00 元追加到 P1 的所得中。

◎ 实验者 1 选择右侧的时候

• 提问：你对于实验者 1 和实验者 2 的所得如何进行再分配？

请在下列项目中选择一项，并打"√"。并且在□□中写上金额。

□ 我要从 P1 的所得 6000 元中拿出□□ 00 元追加到 P2 的所得中。

□ 我要从 P2 的所得 3000 元中拿出□□ 00 元追加到 P1 的所得中。

• 问题 2：你认为在这间实验室中的参加者将做出什么样的再分配？

请在下列项目中选择一项，并打"√"。并且在□□中写上金额。

□ 一般的参加者会从 P1 的所得 6000 元中拿出□□ 00 元追加到 P2 的所得中。

□ 一般的参加者会从 P2 的所得 3000 元中拿出□□ 00 元追加到 P1 的所得中。

六、册子3（例5）

	实验者1选择左侧时的再分配	实验者1选择右侧时的再分配
实验者1（P1）	5000∓A	6000∓B
实验者2（P2）	1000±A	3000±B

◎ 实验者1选择左侧的时候

• 提问：你对于实验者1和实验者2的所得如何进行再分配？

请在下列项目中选择一项，并打“√”。并且在□□中写上金额。

□ 我要从P1的所得5000元中拿出□□00元追加到P2的所得中。

□ 我要从P2的所得1000元中拿出□□00元追加到P1的所得中。

• 问题1：你认为在这间实验室中的参加者将做出什么样的再分配？

请在下列项目中选择一项，并打“√”。并且在□□中写上金额。

□ 一般的参加者会从P1的所得5000元中拿出□□00元追加到P2的所得中。

□ 一般的参加者会从P2的所得1000元中拿出□□00元追加到P1的所得中。

◎ 实验者1选择右侧的时候

• 提问：你对于实验者1和实验者2的所得如何进行再分配？

请在下列项目中选择一项，并打“√”。并且在□□中写上金额。

□ 我要从P1的所得6000元中拿出□□00元追加到P2的所得中。

□ 我要从P2的所得3000元中拿出□□00元追加到P1的所得中。

• 问题2：你认为在这间实验室中的参加者将做出什么样的再分配？

请在下列项目中选择一项，并打“√”。并且在□□中写上金额。

□ 一般的参加者会从P1的所得6000元中拿出□□00元追加到P2的所得中。

□ 一般的参加者会从P2的所得3000元中拿出□□00元追加到P1的所得中。

七、册子 3（例 6）

	实验者 1 选择左侧时的再分配	实验者 1 选择右侧时的再分配
实验者 1（P1）	3500 ∓ A	4500 ∓ B
实验者 2（P2）	6500 ± A	4500 ± B

◎ 实验者 1 选择左侧的时候

• 提问：你对于实验者 1 和实验者 2 的所得如何进行再分配？

请在下列项目中选择一项，并打“√”。并且在□□中写上金额。

□ 我要从 P1 的所得 3500 元中拿出□□ 00 元追加到 P2 的所得中。

□ 我要从 P2 的所得 6500 元中拿出□□ 00 元追加到 P1 的所得中。

• 问题 1：你认为在这间实验室中的参加者将做出什么样的再分配？

请在下列项目中选择一项，并打“√”。并且在□□中写上金额。

□ 一般的参加者会从 P1 的所得 3500 元中拿出□□ 00 元追加到 P2 的所得中。

□ 一般的参加者会从 P2 的所得 6500 元中拿出□□ 00 元追加到 P1 的所得中。

◎ 实验者 1 选择右侧的时候

• 提问：你对于实验者 1 和实验者 2 的所得如何进行再分配？

请在下列项目中选择一项，并打“√”。并且在□□中写上金额。

□ 我要从 P1 的所得 4500 元中拿出□□ 00 元追加到 P2 的所得中。

□ 我要从 P2 的所得 4500 元中拿出□□ 00 元追加到 P1 的所得中。

• 问题 2：你认为在这间实验室中的参加者将做出什么样的再分配？

请在下列项目中选择一项，并打“√”。并且在□□中写上金额。

□ 一般的参加者会从 P1 的所得 4500 元中拿出□□ 00 元追加到 P2 的所得中。

□ 一般的参加者会从 P2 的所得 4500 元中拿出□□ 00 元追加到 P1 的所得中。

八、册子 3（例 7）

	实验者 1 选择左侧时的再分配	实验者 1 选择右侧时的再分配
实验者 1（P1）	3500 ∓ A	4500 ∓ B
实验者 2（P2）	5500 ± A	4500 ± B

◎ 实验者 1 选择左侧的时候

• 提问：你对于实验者 1 和实验者 2 的所得如何进行再分配？

请在下列项目中选择一项，并打“√”。并且在□□中写上金额。

□ 我要从 P1 的所得 3500 元中拿出□□ 00 元追加到 P2 的所得中。

□ 我要从 P2 的所得 5500 元中拿出□□ 00 元追加到 P1 的所得中。

• 问题 1：你认为在这间实验室中的参加者将做出什么样的再分配？

请在下列项目中选择一项，并打“√”。并且在□□中写上金额。

□ 一般的参加者会从 P1 的所得 3500 元中拿出□□ 00 元追加到 P2 的所得中。

□ 一般的参加者会从 P2 的所得 5500 元中拿出□□ 00 元追加到 P1 的所得中。

◎ 实验者 1 选择右侧的时候

• 提问：你对于实验者 1 和实验者 2 的所得如何进行再分配？

请在下列项目中选择一项，并打“√”。并且在□□中写上金额。

□ 我要从 P1 的所得 4500 元中拿出□□ 00 元追加到 P2 的所得中。

□ 我要从 P2 的所得 4500 元中拿出□□ 00 元追加到 P1 的所得中。

• 问题 2：你认为在这间实验室中的参加者将做出什么样的再分配？

请在下列项目中选择一项，并打“√”。并且在□□中写上金额。

□ 一般的参加者会从 P1 的所得 4500 元中拿出□□ 00 元追加到 P2 的所得中。

□ 一般的参加者会从 P2 的所得 4500 元中拿出□□ 00 元追加到 P1 的所得中。

九、册子 3（例 8）

	实验者 1 选择左侧时的再分配	实验者 1 选择右侧时的再分配
实验者 1（P1）	3500 ∓ A	4500 ∓ B
实验者 2（P2）	4500 ± A	4500 ± B

◎ 实验者 1 选择左侧的时候

• 提问：你对于实验者 1 和实验者 2 的所得如何进行再分配？

请在下列项目中选择一项，并打“√”。并且在□□中写上金额。

□ 我要从 P1 的所得 3500 元中拿出□□ 00 元追加到 P2 的所得中。

□ 我要从 P2 的所得 4500 元中拿出□□ 00 元追加到 P1 的所得中。

• 问题 1：你认为在这间实验室中的参加者将做出什么样的再分配？

请在下列项目中选择一项，并打“√”。并且在□□中写上金额。

□ 一般的参加者会从 P1 的所得 3500 元中拿出□□ 00 元追加到 P2 的所得中。

□ 一般的参加者会从 P2 的所得 4500 元中拿出□□ 00 元追加到 P1 的所得中。

◎ 实验者 1 选择右侧的时候

• 提问：你对于实验者 1 和实验者 2 的所得如何进行再分配？

请在下列项目中选择一项，并打“√”。并且在□□中写上金额。

□ 我要从 P1 的所得 4500 元中拿出□□ 00 元追加到 P2 的所得中。

□ 我要从 P2 的所得 4500 元中拿出□□ 00 元追加到 P1 的所得中。

• 问题 2：你认为在这间实验室中的参加者将做出什么样的再分配？

请在下列项目中选择一项，并打“√”。并且在□□中写上金额。

□ 一般的参加者会从 P1 的所得 4500 元中拿出□□ 00 元追加到 P2 的所得中。

□ 一般的参加者会从 P2 的所得 4500 元中拿出□□ 00 元追加到 P1 的所得中。

十、册子 3（例 9）

	实验者 1 选择左侧时的再分配	实验者 1 选择右侧时的再分配
实验者 1（P1）	3500 ∓ A	4500 ∓ B
实验者 2（P2）	3500 ± A	4500 ± B

◎ 实验者 1 选择左侧的时候

• 提问：你对于实验者 1 和实验者 2 的所得如何进行再分配？

请在下列项目中选择一项，并打“√”。并且在□□中写上金额。

□ 我要从 P1 的所得 3500 元中拿出□□ 00 元追加到 P2 的所得中。

□ 我要从 P2 的所得 3500 元中拿出□□ 00 元追加到 P1 的所得中。

• 问题 1：你认为在这间实验室中的参加者将做出什么样的再分配？

请在下列项目中选择一项，并打“√”。并且在□□中写上金额。

□ 一般的参加者会从 P1 的所得 3500 元中拿出□□ 00 元追加到 P2 的所得中。

□ 一般的参加者会从 P2 的所得 3500 元中拿出□□ 00 元追加到 P1 的所得中。

◎ 实验者 1 选择右侧的时候

• 提问：你对于实验者 1 和实验者 2 的所得如何进行再分配？

请在下列项目中选择一项，并打“√”。并且在□□中写上金额。

□ 我要从 P1 的所得 4500 元中拿出□□ 00 元追加到 P2 的所得中。

□ 我要从 P2 的所得 4500 元中拿出□□ 00 元追加到 P1 的所得中。

• 问题 2：你认为在这间实验室中的参加者将做出什么样的再分配？

请在下列项目中选择一项，并打“√”。并且在□□中写上金额。

□ 一般的参加者会从 P1 的所得 4500 元中拿出□□ 00 元追加到 P2 的所得中。

□ 一般的参加者会从 P2 的所得 4500 元中拿出□□ 00 元追加到 P1 的所得中。

十一、册子 3（例 10）

	实验者 1 选择左侧时的再分配	实验者 1 选择右侧时的再分配
实验者 1（P1）	3500 ∓ A	4500 ∓ B
实验者 2（P2）	2500 ± A	4500 ± B

◎ 实验者 1 选择左侧的时候

• 提问：你对于实验者 1 和实验者 2 的所得如何进行再分配？

请在下列项目中选择一项，并打“√”。并且在□□中写上金额。

□ 我要从 P1 的所得 3500 元中拿出□□ 00 元追加到 P2 的所得中。

□ 我要从 P2 的所得 2500 元中拿出□□ 00 元追加到 P1 的所得中。

• 问题 1：你认为在这间实验室中的参加者将做出什么样的再分配？

请在下列项目中选择一项，并打“√”。并且在□□中写上金额。

□ 一般的参加者会从 P1 的所得 3500 元中拿出□□ 00 元追加到 P2 的所得中。

□ 一般的参加者会从 P2 的所得 2500 元中拿出□□ 00 元追加到 P1 的所得中。

◎ 实验者 1 选择右侧的时候

• 提问：你对于实验者 1 和实验者 2 的所得如何进行再分配？

请在下列项目中选择一项，并打“√”。并且在□□中写上金额。

□ 我要从 P1 的所得 4500 元中拿出□□ 00 元追加到 P2 的所得中。

□ 我要从 P2 的所得 4500 元中拿出□□ 00 元追加到 P1 的所得中。

• 问题 2：你认为在这间实验室中的参加者将做出什么样的再分配？

请在下列项目中选择一项，并打“√”。并且在□□中写上金额。

□ 一般的参加者会从 P1 的所得 4500 元中拿出□□ 00 元追加到 P2 的所得中。

□ 一般的参加者会从 P2 的所得 4500 元中拿出□□ 00 元追加到 P1 的所得中。

十二、册子 3（例 11）

	实验者 1 选择左侧时的再分配	实验者 1 选择右侧时的再分配
实验者 1（P1）	2000 ∓ A	3000 ∓ B
实验者 2（P2）	8000 ± A	6000 ± B

◎ 实验者 1 选择左侧的时候

• 提问：你对于实验者 1 和实验者 2 的所得如何进行再分配？

请在下列项目中选择一项，并打“√”。并且在□□中写上金额。

□ 我要从 P1 的所得 2000 元中拿出□□ 00 元追加到 P2 的所得中。

□ 我要从 P2 的所得 8000 元中拿出□□ 00 元追加到 P1 的所得中。

• 问题 1：你认为在这间实验室中的参加者将做出什么样的再分配？

请在下列项目中选择一项，并打“√”。并且在□□中写上金额。

□ 一般的参加者会从 P1 的所得 2000 元中拿出□□ 00 元追加到 P2 的所得中。

□ 一般的参加者会从 P2 的所得 8000 元中拿出□□ 00 元追加到 P1 的所得中。

◎ 实验者 1 选择右侧的时候

• 提问：你对于实验者 1 和实验者 2 的所得如何进行再分配？

请在下列项目中选择一项，并打“√”。并且在□□中写上金额。

□ 我要从 P1 的所得 3000 元中拿出□□ 00 元追加到 P2 的所得中。

□ 我要从 P2 的所得 6000 元中拿出□□ 00 元追加到 P1 的所得中。

• 问题 2：你认为在这间实验室中的参加者将做出什么样的再分配？

请在下列项目中选择一项，并打“√”。并且在□□中写上金额。

□ 一般的参加者会从 P1 的所得 3000 元中拿出□□ 00 元追加到 P2 的所得中。

□ 一般的参加者会从 P2 的所得 6000 元中拿出□□ 00 元追加到 P1 的所得中。

十三、册子 3（例 12）

	实验者 1 选择左侧时的再分配	实验者 1 选择右侧时的再分配
实验者 1（P1）	2000 ∓ A	3000 ∓ B
实验者 2（P2）	7000 ± A	6000 ± B

◎ 实验者 1 选择左侧的时候

• 提问：你对于实验者 1 和实验者 2 的所得如何进行再分配？

请在下列项目中选择一项，并打“√”。并且在□□中写上金额。

□ 我要从 P1 的所得 2000 元中拿出□□ 00 元追加到 P2 的所得中。

□ 我要从 P2 的所得 7000 元中拿出□□ 00 元追加到 P1 的所得中。

• 问题 1：你认为在这间实验室中的参加者将做出什么样的再分配？

请在下列项目中选择一项，并打“√”。并且在□□中写上金额。

□ 一般的参加者会从 P1 的所得 2000 元中拿出□□ 00 元追加到 P2 的所得中。

□ 一般的参加者会从 P2 的所得 7000 元中拿出□□ 00 元追加到 P1 的所得中。

◎ 实验者 1 选择右侧的时候

• 提问：你对于实验者 1 和实验者 2 的所得如何进行再分配？

请在下列项目中选择一项，并打“√”。并且在□□中写上金额。

□ 我要从 P1 的所得 3000 元中拿出□□ 00 元追加到 P2 的所得中。

□ 我要从 P2 的所得 6000 元中拿出□□ 00 元追加到 P1 的所得中。

• 问题 2：你认为在这间实验室中的参加者将做出什么样的再分配？

请在下列项目中选择一项，并打“√”。并且在□□中写上金额。

□ 一般的参加者会从 P1 的所得 3000 元中拿出□□ 00 元追加到 P2 的所得中。

□ 一般的参加者会从 P2 的所得 6000 元中拿出□□ 00 元追加到 P1 的所得中。

十四、册子 3（例 13）

	实验者 1 选择左侧时的再分配	实验者 1 选择右侧时的再分配
实验者 1（P1）	2000 ∓ A	3000 ∓ B
实验者 2（P2）	6000 ± A	6000 ± B

◎ 实验者 1 选择左侧的时候

• 提问：你对于实验者 1 和实验者 2 的所得如何进行再分配？

请在下列项目中选择一项，并打“√”。并且在□□中写上金额。

□ 我要从 P1 的所得 2000 元中拿出□□ 00 元追加到 P2 的所得中。

□ 我要从 P2 的所得 6000 元中拿出□□ 00 元追加到 P1 的所得中。

• 问题 1：你认为在这间实验室中的参加者将做出什么样的再分配？

请在下列项目中选择一项，并打“√”。并且在□□中写上金额。

□ 一般的参加者会从 P1 的所得 2000 元中拿出□□ 00 元追加到 P2 的所得中。

□ 一般的参加者会从 P2 的所得 6000 元中拿出□□ 00 元追加到 P1 的所得中。

◎ 实验者 1 选择右侧的时候

• 提问：你对于实验者 1 和实验者 2 的所得如何进行再分配？

请在下列项目中选择一项，并打“√”。并且在□□中写上金额。

□ 我要从 P1 的所得 3000 元中拿出□□ 00 元追加到 P2 的所得中。

□ 我要从 P2 的所得 6000 元中拿出□□ 00 元追加到 P1 的所得中。

• 问题 2：你认为在这间实验室中的参加者将做出什么样的再分配？

请在下列项目中选择一项，并打“√”。并且在□□中写上金额。

□ 一般的参加者会从 P1 的所得 3000 元中拿出□□ 00 元追加到 P2 的所得中。

□ 一般的参加者会从 P2 的所得 6000 元中拿出□□ 00 元追加到 P1 的所得中。

十五、册子 3（例 14）

	实验者 1 选择左侧时的再分配	实验者 1 选择右侧时的再分配
实验者 1（P1）	2000 ∓ A	3000 ∓ B
实验者 2（P2）	5000 ± A	6000 ± B

◎ 实验者 1 选择左侧的时候

• 提问：你对于实验者 1 和实验者 2 的所得如何进行再分配？

请在下列项目中选择一项，并打“√”。并且在□□中写上金额。

□ 我要从 P1 的所得 2000 元中拿出□□ 00 元追加到 P2 的所得中。

□ 我要从 P2 的所得 5000 元中拿出□□ 00 元追加到 P1 的所得中。

• 问题 1：你认为在这间实验室中的参加者将做出什么样的再分配？

请在下列项目中选择一项，并打“√”。并且在□□中写上金额。

□ 一般的参加者会从 P1 的所得 2000 元中拿出□□ 00 元追加到 P2 的所得中。

□ 一般的参加者会从 P2 的所得 5000 元中拿出□□ 00 元追加到 P1 的所得中。

◎ 实验者 1 选择右侧的时候

• 提问：你对于实验者 1 和实验者 2 的所得如何进行再分配？

请在下列项目中选择一项，并打“√”。并且在□□中写上金额。

□ 我要从 P1 的所得 3000 元中拿出□□ 00 元追加到 P2 的所得中。

□ 我要从 P2 的所得 6000 元中拿出□□ 00 元追加到 P1 的所得中。

• 问题 2：你认为在这间实验室中的参加者将做出什么样的再分配？

请在下列项目中选择一项，并打“√”。并且在□□中写上金额。

□ 一般的参加者会从 P1 的所得 3000 元中拿出□□ 00 元追加到 P2 的所得中。

□ 一般的参加者会从 P2 的所得 6000 元中拿出□□ 00 元追加到 P1 的所得中。

十六、册子 3（例 15）

	实验者 1 选择左侧时的再分配	实验者 1 选择右侧时的再分配
实验者 1（P1）	2000 ∓ A	3000 ∓ B
实验者 2（P2）	4000 ± A	6000 ± B

◎ 实验者 1 选择左侧的时候

• 提问：你对于实验者 1 和实验者 2 的所得如何进行再分配？

请在下列项目中选择一项，并打“√”。并且在□□中写上金额。

□ 我要从 P1 的所得 2000 元中拿出□□ 00 元追加到 P2 的所得中。

□ 我要从 P2 的所得 4000 元中拿出□□ 00 元追加到 P1 的所得中。

• 问题 1：你认为在这间实验室中的参加者将做出什么样的再分配？

请在下列项目中选择一项，并打“√”。并且在□□中写上金额。

□ 一般的参加者会从 P1 的所得 2000 元中拿出□□ 00 元追加到 P2 的所得中。

□ 一般的参加者会从 P2 的所得 4000 元中拿出□□ 00 元追加到 P1 的所得中。

◎ 实验者 1 选择右侧的时候

• 提问：你对于实验者 1 和实验者 2 的所得如何进行再分配？

请在下列项目中选择一项，并打“√”。并且在□□中写上金额。

□ 我要从 P1 的所得 3000 元中拿出□□ 00 元追加到 P2 的所得中。

□ 我要从 P2 的所得 6000 元中拿出□□ 00 元追加到 P1 的所得中。

• 问题 2：你认为在这间实验室中的参加者将做出什么样的再分配？

请在下列项目中选择一项，并打“√”。并且在□□中写上金额。

□ 一般的参加者会从 P1 的所得 3000 元中拿出□□ 00 元追加到 P2 的所得中。

□ 一般的参加者会从 P2 的所得 6000 元中拿出□□ 00 元追加到 P1 的所得中。